STREET FOOD
& FOOD TRUCKS

JOÃO BATISTA

STREET FOOD
& FOOD TRUCKS

DAS HANDBUCH FÜR GRÜNDER

Verlag Johannes Petri

FSC
www.fsc.org
MIX
Papier aus verantwortungsvollen Quellen
FSC® C068066

Co-Autor: Luís Rato
Lektorat: Satu Binggeli
Übersetzung: Maria Amanda Berrada
Umschlaggestaltung: Nádia Amante
Gesetzt aus: Baskerville, Helvetica LT Std
Gesamtherstellung: Schwabe AG, Druckerei, Basel/Muttenz
Printed in Switzerland
ISBN Print 978-3-03784-111-2
ISBN ePub 978-3-03784-112-9
ISBN mobi 978-3-03784-113-6

www.verlag-johannes-petri.ch
rights@schwabe.ch

Danksagungen

Ich glaube, dass das Lesen von *Street Food & Food Trucks – Das Handbuch für Gründer* auch in Bezug auf die Danksagungen ziemlich aufschlussreich ist. Da es sich um ein praktisches Buch handelt, welches auf Aussagen, Gesprächen und Interviews basiert, ist es während des gesamten Lesens wahrnehmbar, wer die Personen waren, die mit Großzügigkeit und Geduld dazu beigetragen haben, dass die Street Food-Branche jetzt die Geburt des ersten Gründerhandbuches für den deutschsprachigen Markt miterleben kann. Da die förmlichen Danksagungen jedoch die Seele eines Buches sind, konnte ich nicht umhin, meine Anerkennung jenen zu zollen, die es möglich gemacht haben, dass die Veröffentlichung dieses Textes einen solchen Umfang erreichte.

Zuerst danke ich Luís Rato, einem vorausschauenden Unternehmer, von dem die Idee, ein Buch zu veröffenlichen, kam, um neuen Investoren in dieser Branche zu helfen, mit einer besseren Vorbereitung auf die Straße zu gehen. Ich versicherte mich, dass während des gesamten Schreibprozesses die Umstände, unter welchen mich Luís Rato zu diesem Projekt aufgefordert hat, sehr klar waren, so dass seine Uneigennützigkeit und Leistung andere Unternehmer inspirieren können, wie sie auch mich inspiriert haben. Ein wahrer Mentor.

Ich danke dem Chefkoch Chakall, einem Street-Food-Pionier, dessen Vision und Klugheit mit seinem hervorragenden Fachkönnen in der Küche mithalten. Seine Begeisterung für dieses Buch war eine große Quelle der Inspiration, wenn Schwierigkeiten bei der Fertigstellung auftauchten. Vielen Dank für das nette Vorwort.

Meinen Sponsoren bin ich sehr dankbar. Damit meine ich *Vodafone Portugal*, *Panidor*, Tim Vieira, *Piaggio*, *Aon* und *Kiosque Street Food*, die sich ohne weiteres zur Verfügung gestellt haben, bei der portugiesischen Auflage zu helfen, egal was wir zur Entstehung des Buches brauchten. Deren Anerkennung zu spüren, war einer der wichtigsten Momente meiner Karriere als Unternehmer und Schriftsteller.

Ich schulde ein großes Dankeschön allen Befragten, Unternehmern, Investoren, Marken und Organisatoren von Festivals, die mich empfangen und mit mir über die Erfolge und Herausforderungen ihrer Beschäftigung gesprochen haben. Das Buch ist das Ergebnis ihrer Ideen und ist eng verknüpft mit ihrer Fähigkeit zum Kämpfen, damit sich diese neue Branche behaupten kann. Außerdem geht ein großes Dankeschön an mein Team von *Livros de Ontem,* die wussten, wie sie meine Begeisterung für dieses Projekt aufrechterhalten können; sowie an Nádia, Partnerin und brillante Designerin, verantwortlich für perfekte grafische Abbildungen; und an Mara, Freundin und Korrekturleserin des Textes, unerbittlich kritisch gegenüber Unvollkommenheiten, die die Verbreitung dieser wichtigen Botschaft verhindern könnten. Ich bin dankbar für ihr Engagement zur Entwicklung dieses Projekts und für die Begleitung auf mehreren langen Reisen, die damit verbunden waren. Ihnen widme ich dieses Buch.

Zuletzt, aber nicht weniger wichtig, möchte ich allen Lesern danken, die das Buch kauften, viele noch bevor es zur Verfügung stand, ein Vertrauensvotum, das ich hoffentlich zu respektieren weiß. Lesen Sie das Buch, studieren Sie die Aussagen, profitieren Sie vom Hilfsmaterial. Vielleicht werden Sie der nächste Street-Food-Unternehmer sein!

João Batista

Vorwort

Ich erinnere mich, als ich klein war, sah ich am Ausgang der Baufirma, wo meine Mutter ein Restaurant hatte, eine Frau mit einem großen Korb voll warmem Brot und süßem Quittengebäck. Vor dieser Frau war eine Schlange Arbeiter, die vor Arbeitsantritt ihr Frühstück zu sich nahmen. Ich kann mich erinnern, sie ein Jahr später wieder gesehen zu haben, jetzt mit Hilfe Ihres Mannes (glaube ich) und einem dreirädrigen Fahrrad zusätzlich zum Brot Wasser und Säfte verkaufend. Vier Jahre später war es ein umgebauter Lieferwagen mit Kühlgeräten, der bereits die in der Region sehr beliebten Choripan-Sandwiches verkaufte. Plötzlich war es ein Familienbetrieb.

Das ist für mich immer Street Food gewesen. Beim Reisen auf der ganzen Welt erkennen wir, dass in den bevölkerungsreicheren Ländern oft Essen auf der Straße anzutreffen ist. Es ist fast eine Kunst herauszufinden, wo das Motorrad oder der Lieferwagen geparkt werden kann, und die richtige Zeit zu finden, um das Angebot zu sehen und zu kaufen. Um mit Street Food erfolgreich zu sein, brauchen Sie nicht nur Geld, sondern vor allem Einfallsreichtum und Wissen …

Und wenn man genau hinschaut, sind die Antworten gleich um die Ecke. Vor ein paar Tagen war ich in Lissabon mit dem Motorrad auf dem Nachhauseweg und beobachtete in einem Museum voller Touristen, dass es niemanden gab, der eine Flasche Wasser, ein Bier oder portugiesische *pastel de nata* (Sahnetörtchen) verkaufte … In diesem Geschäft ist das Wichtigste der Zeitpunkt und die Beobachtung. Sie bestimmen den Erfolg und können Menschen inspirieren … Es war eine ähnliche Situation, die mich vor ein paar Jahren zu meiner Show mit meinem treuen Hund Pulga inspirierte und die damit eine stationäre Küche ins Leben rief!

Nach der Lektüre des Buches aus erster Hand war ich von dem praktischen Nutzen der Ausführungen überrascht.

Ich hoffe, Sie genießen es, so wie ich es tat.

Chakall

EINLEITUNG

«Die Geschäftswelt funktioniert wie ein Labyrinth mit Türen. Die Dinge nehmen Form an, wenn wir die richtigen Türen öffnen und als erste durchgehen.»

Luís Rato
Gründer von *Kiosque Street Food*

Wenn Sie dieses Buch lesen, versuchen Sie möglicherweise ein neues Unternehmen zu gründen und sehen in der Straßenküche die Möglichkeit für eine gute Investition. Wenn das der Fall ist, hoffe ich, Ihnen eine erbauliche und fruchtbare Lektüre zu bieten, die Ihnen eine rationelle Nutzung Ihres Kapitals ermöglicht. Ich stelle Ihnen durch die Meinungen und Ratschläge der Hauptinvestoren in diesem Markt die wunderbare Street-Food-Industrie vor. Die Tipps habe ich über mehrere Monate hinweg in Interviews und informativen Unterhaltungen gesammelt. Ich schöpfe auch aus meinen eigenen Erfahrungen als junger Unternehmer, der versuchte, in das Street-Food-Geschäft einzusteigen.

Das Ergebnis ist dieses Buch, das Sie in den Händen halten. Es ist der Beweis, dass wahres Unternehmertum möglich und lohnend ist. In nur vier Monaten konnte ich dieses Buch veröffentlichen, das dafür ausgerichtet war, alle Vertriebs-

und Verkaufsrekorde des Verlags *Livros de Ontem* zu brechen. Wir können es uns nicht leisten, in eine Schuldensituation zu geraten. Glücklicherweise erregte die Qualität unserer Arbeit das Interesse der Geschäftsleute, die an uns geglaubt haben, und sie stellten sich zur Verfügung, uns zu unterstützen.

Der Verdienst der erzielten Ergebnisse muss in erster Linie Luís Miguel Rato, Gründer des größten Fahrzeugumbauunternehmens für Street Food in Portugal, Präsident von *Associação de Street Food Portugal* und Hauptwegbereiter für die Ausarbeitung dieses Buches, zugeschrieben werden. Durch seine Vision und die Bereitschaft, sich zu verpflichten, hatte ich nicht nur die Möglichkeit, die Industrie zu erforschen und darüber zu schreiben, sondern gewann auch die Freundschaft eines brillanten Geschäftsmannes, den ich als Mentor zu sehen begann. Die Erfahrung und das Wissen, zu denen ich während der engen Zusammenarbeit mit Luís Rato Zugang hatte, gaben mir eine neue Perspektive auf die Welt des Unternehmertums und erlaubten mir, in kurzer Zeit unerwartet gute Ergebnisse zu erreichen.

Neben seinen Ideen und Ratschlägen über die Branche des Straßenessens und den Aussagen der wichtigsten Hauptspieler auf dem Markt enthalten die folgenden Seiten die Vision eines 22-jährigen Jungen, der mit großem Willen zu einem Unternehmen kam und sein Geld in eine Investition steckte, die die erwartete Rendite kaum bringen würde. Er verließ es mit einer Idee: das erste praktische Buch über Street Food zu schreiben. Es ist erstaunlich, dass wir ein Projekt dieser Größenordnung von Grund auf aufbauen können, wenn wir eine klare Vision haben, was der Markt möchte und wie wir diese Wünsche erfüllen können. Das ist Unternehmertum!

Da die Schwierigkeit in meinem nicht vorhandenen Wissen über Street Food bestand, riet mir Luís Rato dazu, Nachforschungen über Unternehmer anzustellen, die erfolgreich in diese Aktivität investiert hatten. An diesem Tag hätte er mir leicht ein Fahrzeug verkaufen können und hätte damit leicht Geld gemacht, doch er entschied sich, lieber auf die Erschaffung eines Buches zu setzen, das sicherlich vielen unerfahrenen Anlegern mit dem Wunsch, ihr eigenes Street Food-Geschäft zu eröffnen, helfen wird.

Wie Sie im Laufe der Lektüre entdecken können, sind wir erst in der Entstehungsphase der Street-Food-Industrie, daher gibt es noch keine Studien und Veröffentlichungen, die den Markt analysieren. *Street Food & Food Trucks* präsentiert sich als Pionierbuch, die erste Publikation einer Studie über dieses Geschäft, um dem Leser eine ganzheitliche Sicht über den europäischen Street-Food-Markt zur Verfügung zu stellen, sowie als Buch mit einer ganzen Menge von Tipps und bewährten Methoden, von jenen vorgeschlagen, die es seit einiger Zeit erfolgreich betreiben. Alles, was Sie hier lesen, kommt aus der Sicht eines jungen Unternehmers, dem die Möglichkeit gegeben wurde, über den Street-Food-Markt zu recherchieren, und vom unschätzbaren Wissen ihrer Hauptakteure. Es soll ein Leitfaden für Gründer sein, um Ihnen zu helfen, Ihr Street-Food-Geschäft in Betrieb zu nehmen. Der Leitfaden wurde bis zum Vorabend des Drucks erweitert, um eine maximale Aktualisierung des Inhalts sicherzustellen. Dies ist ein wesentliches Merkmal, wenn Sie eine Industrie in steil ansteigender Expansion analysieren möchten. Gleichzeitig ist die rasante Entwicklung im Interesse und zur Abgrenzung der vorliegenden Lektüre, da, wenn Street Food nicht so dynamisch und innovativ wäre, eine Publikation zur Anleitung der Entwicklung neuer Betriebe keinen Sinn hätte.

Durch die extreme Schnelligkeit, mit der sich die Anschauungen in diesem Buch ändern können, kann sich die Wichtigkeit von einigen Themen verschieben. Innerhalb kurzer Zeit wird sich die Anzahl der Food Trucks auf den Straßen Deutschlands, Österreichs und der Schweiz drastisch erhöhen, es wird neue Verkaufsplattformen geben und das Handelsrecht wird zwangsläufig angepasst werden. Damit Sie ein Gefühl der tatsächlichen Schnelligkeit der Expansionrate der Industrie erhalten, hier ein Beispiel: Laut José Borralho, Vizepräsident von *Associação de Street Food Portugal,* gab es Ende 2014 ungefähr zwanzig Food Trucks in Portugal, Mitte 2015 waren bereits 130 in Betrieb.

Um sicherzustellen, dass Sie ausreichend informiert sind und die zu erwarteten Herausforderungen kennen, habe ich beschlossen, eine Reihe von ergänzenden Hilfsmitteln zu Ihrer Verfügung zu stellen, denen Sie folgen können, um über Businesstrends informiert zu bleiben:

Website: *www.streetfoodbook.com*

Um auf das Hilfsmaterial und zukünftige Updates zurückgreifen zu können, gehen Sie auf die Website des Buches, dort auf die Seite «Hilfsmaterial» und geben Sie das Passwort ilovestreetfood ein. Dort können Sie die kostenlosen Unterlagen herunterladen, die Ihnen helfen werden, Ihren Food-Truck-Businessplan zu entwickeln. Es ist ratsam, sie auszudrucken und während der Lektüre dieses Buches auszufüllen. Es ist mir ein Anliegen, dass dies ein interaktives Buch ist, welches die Kommunikation zwischen Autor, Leser und anderen Interessierten fördert. Erst dann wird eine Publikation dieser Art sinnvoll.

Herzlich willkommen im Buch *Street Food & Food Trucks*, dem Handbuch für Gründer des Street-Food-Geschäfts in Deutschland, Österreich und der Schweiz.

! Warum wollen Sie in Street-Food investieren
PRO | CONTRA nicht nur heute, sondern Jahre!

! Dem Kunden ein unvergessliches Erlebnis
zu verschaffen => tägliches Ziel

♡ www.streetfoodbook.com ♡

Passwort ilovestreetfood

→ Suppenküche

→ Sandwich Box / „Subway"

Kapitel 1

Street Food & Food Trucks

«Das Essen ist auf der Straße. Man muss nicht ins Restaurant gehen, um einen Bissen außer Haus zu sich zu nehmen.»

Expresso

Bolas de Berlim
panidor
Bolas Berlim
KIOSQUESTREETFOOD
Prontas no minuto.
Boas nas horas!
Bolas de Berlim
panidor
www.panidor.pt

MEIN FAHRZEUG

«Mentors, by far, are the most important aspects of business.»

Daymond John
Investor bei *Shark Tank USA*

Street Food kam nach Europa, um zu bleiben! Es hat eine Revolution in der Gastronomie, im Tourismus und im Unternehmergeist bewirkt. Wenn Ihnen bisher nicht mindestens eines dieser Motorräder oder ein Lieferwagen begegnet ist, sind Sie wahrscheinlich nicht häufig auf den Straßen von europäischen Metropolen unterwegs. Sie sollten sich die gastronomischen Spezialitäten aus der Nähe ansehen, welche fast immer im Gourmet-Stil daherkommen. Es ist unvermeidlich: Wenn ein Food Truck in die Straße einfährt, kommen die Menschen aus ihren Häusern und Büros und formen Warteschlangen, um leckeres Essen in einer lockeren und entspannten Atmosphäre auszuprobieren. Das liegt daran, dass – obwohl es sich um ein neues und sich entwickelndes Konzept handelt – aufmerksame Verbraucher beginnen, Street Food als Synonym für Innovation, Qualität und viel Originalität zu erkennen. Es ist deshalb nicht verwunderlich, dass auch Messen und Festivals traditionelle Stände durch die neuen Food Trucks ersetzen.

Hinter dieser Bewegung befindet sich eine neue Welle von motivierten und qualifizierten Unternehmern, Fachleuten mit Fähigkeiten in den Bereichen Marketing, Werbung, Vertrieb und Finanzen, manchmal sogar Universitätsstudenten; und sie alle sind bereit, mit einem Motorrad auf der Straße Ihre Lieblingsmahlzeiten zuzubereiten. Street Food ist mehr als gutes Essen, es ist Leidenschaft und Engagement für ein Unternehmen – und es kann auch die Gelegenheit sein, auf die Sie immer gewartet haben, Ihr Leben zu verändern und Ihr eigenes Unternehmen zu eröffnen.

Es stimmt, dass immer mehr Menschen davon träumen, ein eigenes Geschäft zu eröffnen. Ob freiwillig oder gezwungen, die Angestellten finden im selbstständigen Unternehmertum eine brauchbare Alternative zur abhängigen Arbeit, die ihnen erlaubt, neue Einnahmequellen zu schaffen. Einen flexiblen und anpassungsfähigen Zeitplan zu haben, die eigenen Ziele bezüglich Wachstum und Vergütung zu bestimmen und Entscheidungsfreiheit zu haben sind nur einige der Potentiale, die das Unternehmertum für diejenigen zu bieten hat, die keine Angst haben, auf ihre Idee zu setzen.

Wer Street Food früh als Geschäftsmöglichkeit angesehen hat und keine Angst hatte, in die Entwicklung dieser neuen Industrie zu investieren, genießt jetzt bequem die hohe finanzielle Rendite, welche ein Food Truck bringen kann, wenn man die neue Welt der Gastronomie auf Rädern zu erschließen wusste. Es ist hingegen frustrierend, wenn die einzigen Faktoren, die eine tolle Idee von einem erfolgreichen Unternehmen trennen, die Furcht vor dem Risiko und der Mangel an Kapital zur Investition sind. Es kann uns die eine große Chance kosten, wenn wir zulassen, dass die Angst unser Handeln hemmt.

Ein erheblicher Teil der Investoren in Street Food sind Menschen, die immer davon geträumt haben, ein Restaurant zu führen, es aber nie geschafft haben, die größte Hürde am Anfang des Unternehmens zu überwinden: die hohe Anfangsinvestition. Wenn Sie nur auf eine Gelegenheit warten, um in die Welt des Unternehmertums zu starten, schlage ich Ihnen eine Reise vor. Sie wird Sie zur Entdeckung einer neuen Art der Geschäftstätigkeit führen, welche Entgegenkommen, Fehlertoleranz und einen Lernprozess mit Spaß und Spannung bietet. Wie bei jedem anderen Unternehmen auch, wird es keine leichte Aufgabe sein, einen Food Truck ins Leben zu rufen und zu führen. Aber wenn Sie den Wunsch haben, als Unternehmer einzusteigen, sind Sie sicherlich in der Lage, eine Arbeit zu schaffen, welche Ihr Leben in einer Art und Weise verändern wird, wie Sie es sich noch nicht vorstellen können.

Bei den Recherchen zur Erstellung dieses Leitfadens hatte ich das Privileg, viele Unternehmer mit den unterschiedlichsten Hintergründen und Lebensgeschichten kennenzulernen. Menschen wie Sie und ich, die eines Tages entschieden haben, ihr Berufsleben dem Street Food zu widmen. Trotz der deutlich unterschiedlichen Profile gibt es etwas, das eindeutig ein Hauptmerkmal aller Investoren mit einer nachhaltigen Tätigkeit und mit Erfolg in diesem Markt ist: *die Existenz einer starken und persönlichen Motivation am Ursprung ihres Geschäfts.*

Nach der Erstellung einer Fallstudie eines jeden von ihnen konnte ich erkennen, dass ein wesentlicher Teil des Erfolges der Projekte auf den Ansatz zurückzuführen sind, dass der Unternehmer selbst das Geschäft betreibt. Ein großer Teil derer, die einsteigen, nur weil es gerade Mode ist, ist in kurzer Zeit zum Scheitern verurteilt. Street Food ist sowohl ansprechend als auch anspruchsvoll. Es ist sehr wichtig, dass Sie aus den richtigen Gründen und mit viel Wille zum Erfolg in dieses Geschäft einsteigen.

Seien Sie sich über jeden Schritt, den Sie machen, vollkommen bewusst, und wägen Sie die Vor- und Nachteile, die ein Food Truck zu bieten hat, ab. Antworten Sie ehrlich auf die folgende Frage: Warum wollen Sie in Street Food investieren? Wenn die Antwort nicht überzeugend oder ausreichend begeisterungsfähig ist, suchen Sie sich einen anderen Geschäftsbereich, der Ihnen mehr Genugtuung verschafft. Die Auswertung Ihrer Motivation ist ein fundamentaler Schritt, um zu verstehen, ob Sie das nötige Profil haben, um auf der Straße zu sein. Lassen Sie sich nicht von der relativ geringen Anfangsinvestition motivieren, von der Möglichkeit, mit dem Geschäft schnell Geld zu verdienen, oder um Ihren Freunden erzählen zu können, dass Sie einen Food Truck besitzen.

Street Food sucht echte Unternehmer, Menschen mit Leidenschaft für ihr Geschäft, die vom Detail getrieben sind und dazu bereit sind, sich allem zu stellen, immer mit dem Ziel, dem Kunden ein unvergessliches Erlebnis zu verschaffen. Wenn Sie, wie ich damals, glauben, dass es noch zu früh für eine Investition ist, widmen Sie sich der Vertiefung der Kenntnisse über die Branche. Die Lektüre dieses Buches kann in dieser Hinsicht helfen, erschöpft aber nicht alle Möglichkeiten der Recherchen. Suchen Sie nach Personen oder wichtigen Geschäftsorganisationen, sprechen Sie mit möglichen Kunden und nehmen Sie Kontakt mit Lieferanten und Handelspartnern auf.

Sehr wichtig: Versuchen Sie mit anderen Unternehmern zu sprechen, die bereits Street-Food-Projekte umgesetzt haben. Sie werden überrascht sein, mit welcher Sympathie Sie die Betreiber von Food Trucks empfangen. Sie werden bestimmt bereit sein, Ihnen einen tieferliegenden Einblick in das Unternehmen zu zeigen und Ihnen einige Ratschläge mitzugeben, die Sie verwenden können, um Ihre Herangehensweise an den Markt zu verbessern. Dies liegt daran, dass die Betreiber eines solchen Geschäfts wissen, dass Zusammengehörigkeit eine Stärke ist und dass es angesichts der Notwendigkeit des Wettbewerbs für die gesamte Branche von Vorteil ist, wenn sie bereit sind, das Essen auf der Straße in Ehren zu halten und gemeinsam auszubauen.

Als ich mein Geschäft anfing, war ich weit davon entfernt mir vorzustellen, dass ich dieses Buch über Street Food schreiben und veröffentlichen würde. Zuerst versuchte ich, meine Marke nur durch ein umgewandeltes Motorrad, welches mir erlaubte, auf der Suche nach neuen Kunden auf die Straße zu gehen, in Gang zu bringen. Der Verkauf des Essens war ein zusätzliches Mittel, um finanziell die Erweiterung meines bereits bestehenden Geschäfts zu ermöglichen. Meine Motivation hatte nichts mit der Leidenschaft für das Essen zu tun, obwohl ich die auch habe. Auch nicht mit dem Wunsch, den Menschen neue Erfahrungen mit dem Essen auf der Straße zu verschaffen.

Wenn ich darüber nachdenke, gebe ich zu, dass mir die Bedeutung von Street Food als kulturelle Bewegung nicht bewusst war. Meine Unwissenheit und meinen Mangel an Information ignorierend, war ich bereit, mein ganzes Geld des Start-ups in einen Food Truck zu investieren und mich so in ein Geschäft zu stürzen, über das ich wenig oder gar nichts wusste. In dieser Hinsicht gebührt ein riesiges und aufrichtiges Dankeschön an Luís Rato. Wenn seine Erfahrung und seine ungewöhnliche Fähigkeit, Menschen und Unternehmen zu analysieren, nicht gewesen wären, hätte ich einen Schritt ins Unbewusste getan und wäre einer der ersten Flops in der kurzen Geschichte des Street Foods in Portugal geworden. Glücklicherweise erkannte er, dass ich noch nicht bereit war, auf die Straße zu gehen, und dass es notwendig war, meine Idee zu vertiefen und meine Motivation für das Geschäft zu überprüfen. Er wusste, dass ich mehr Nutzen aus Street Food ziehen könnte, indem ich das tun sollte, was ich am besten konnte: das Schreiben. Diese Haltung hatte ich vorher noch nie in meinem Berufsleben gesehen: Ein Direktor eines Unternehmens weigert sich, auf ein lukratives Geschäft einzugehen, und schlägt mir stattdessen eine Herausforderung vor, welche in der Lage ist, das Geschäft noch größer werden zu lassen.

Dieses Buch ist das Ergebnis dieser Herausforderung, die mir anvertraut wurde. Es ist auch das Resultat aus den verschiedenen Gesprächen, die ich mit Rato hatte, aus Ideen und Ratschlägen, die er mir vorgeschlagen hat, und aus persönlichen Kontakten, die mir ihre eigene und erweiterte Vision des Geschäfts weitergaben. Ich wusste zu schätzen, mit welcher Leichtigkeit alle Anfragen an die Schlüsselpersonen, die die Veröffentlichung dieses Buches ermöglichten, auf Anhieb beantwortet wurden.

Vom einfachen Verbraucher bis zum anspruchsvollen Investor, jeder will ein Teil von Street Food sein. Durch diese Kontakte hatte ich Gespräche mit den unterschiedlichsten Menschen. Alle empfingen mich mit den größten Sympathien und unternahmen alle Anstrengungen, um mir zu helfen, um mich bei der Umsetzung dieses Leitfadens für Investitionen, ein echtes Marktbedürfnis, zu unterstützen. Als ich merkte, dass ich zu unüberlegt reagiert hatte und versucht hatte, «den Hausbau mit dem Dach zu beginnen», beschloss ich, mich mit dem Essen auf der Straße auseinanderzusetzen, es zu analysieren und Geschäftspläne zu erstellen, zu versuchen herauszufinden, was andere darin sehen, und ob dies eine Investition für mein Unternehmerprofil wäre. Ich möchte meine persönliche Reise mit Ihnen teilen, in der Hoffnung, dass meine Geschichte dazu dient, Sie zu inspirieren. Die Ratschläge, die Sie auf den Seiten dieses Buches finden, stammen von prominenten Figuren der Branche, und nichts wurde ohne die empirische Validation ihrer Geschäfte geschrieben.

Street Food & Food Trucks – Das Handbuch für Gründer ist ein Buch, das die Reise eines jungen Unternehmers beschreibt, der mit 22 Jahren beschloss, in das Geschäft einzusteigen mit einer Piaggio Ape 50, angepasst an die Bedürfnisse eines neuen portugiesischen Buchverlages. Als ich in Cartaxo, in der *Kiosque-Street-Food*-Fabrik ankam, war ich davon überzeugt, dass ich meine Rückreise am Nachmittag mit einem neuen Geschäftsvertrag in den Händen antreten würde. Ich war auf der Suche nach einer mobilen Plattform für den Verkauf der Bücher des Verlages und um die Marke von anderen abzuheben. Ich war aber besorgt, dass der berechnete Umsatz nicht ausreichen könnte, um das Vorhaben rentabel zu machen. Ich unterbreitete Rato die Idee eines gemeinsamen Verkaufs von Büchern und Wein im Glas von einem Fahrzeug aus. Es war eine Lösung, die die Rentabilität des Wein-Trucks verbessert und gleichzeitig die Marke des Verlages mit der Qualität der portugiesischen Weine in Verbindung bringt. Es schien eine todsichere Idee!

Jedoch schien meine Begeisterung Luís Rato nicht anzustecken. Er lehnte meine Idee höflich ab und lenkte meine Aufmerksamkeit auf sein literarisches Projekt. Erst später, in der Mitte der Recherchen für mein Buch, erkannte ich den Anstoß für die Ablehnung und den Grund, warum meine «brillante» Geschäftsidee eigentlich nicht so gut war. Während des Gesprächs mit Bárbara Vidal, Gründerin des Food Trucks *Wine With a View*, hatte ich die Gelegenheit mitzuerleben, dass ein Qualitätskonzept verpflichtet.

Wie sollte ich beginnen, wie würde ich mein Angebot anpreisen? Obwohl sie häufig verbunden werden, sind Bücher und Wein völlig verschiedene Produkte, welche ganz unterschiedliche Logistik- und Kommunikationsstrategien erfordern. Was würde mein Fahrzeug auf den ersten Blick vermitteln: «Buchverkauf» oder den «Verkauf von Wein im Glas»? Die reduzierten Abmessungen einer Ape 50 würden kaum erlauben, beide Angebote gleichzeitig zu kommunizieren.

Außerdem ist Wein ein verderbliches Produkt, dessen Qualität sich nach dem Öffnen der Flasche im Laufe der Zeit vermindert. Wie könnte ich sicherstellen, das Lager rentabel zu machen, wenn meine Marke aktiv «Bücher» und nicht «Wein» aussagt? Zusätzlich zu dieser Schwierigkeit würden die Lagerung und der Service dazukommen. Die Weine erfordern eine kontrollierte Temperaturlagerung, die den Einbau einer sperrigen Vorrichtung auf dem Motorrad erfordert und somit den nutzbaren Platz für die Buchaufbewahrung zunichte macht. Das ist also Unsinn. Auf der Serviceebene stellten sich folgende Fragen: In welchen Gläsern würde ich meine feinen Weine servieren? Durch die Fallstudie von *Wine With a View* erkannte ich, dass die Gläser die wirkliche Herausforderung darstellen, wenn Sie mit diesem Produkt arbeiten möchten. Wein in einem Plastikbecher zu servieren, kommt nicht in Frage, sofern Qualität ein geschätzter Faktor ist. Bleiben hiermit nur die Optionen, die Gläser nach jedem Verkauf zu waschen (unmöglich im Street Food), oder Spezialbecher zu kaufen, die, obwohl Einwegartikel, eine Struktur ähnlich der von Glas haben (dies ist allerdings etwas kostspielig und setzt ein klares Engagement für das Produkt voraus). Alle diese kleinen Details führen zu einem großen Logistikproblem, und ich merkte sehr schnell, dass die Strategie für meine mobile Verkaufsstelle nicht passte.

Schneller und einsichtiger bei der Lösung dieses Problems war Ana Coimbra, Gründerin von Food Truck *Festa na Lambreta*, die, wie ich auch, das Street Food als strategische Option sah, um das Image und den Verkauf eines bestehenden Unternehmens zu verbessern. Für sie fiel die Entscheidung für einen Food Truck, als sie Schwierigkeiten bekam, neue Verkaufsstellen für Ihre T-Shirts mit Stempelaufdruck zu finden.

«Jedes Geschäft hat seine Art und Weise zu arbeiten, und ich hatte mich an die Fristen bezüglich der Bestellung, Zahlungen und Retouren anzupassen. Die wachsende Geschäftsbürokratie ließ mir immer weniger Zeit für die Kreation neuer T-Shirt-Designs.»

Ana Coimbra

Mit diesem Problem konfrontiert, gab Ana Coimbra nicht auf und dachte über die Möglichkeit nach, ein Geschäft zu eröffnen, welches nicht vom Zustrom der Touristen in ihrer Stadt abhängig war. Ein Fahrzeug der Marke *Piaggio* war die gewählte Plattform für Anas Angebot an verschiedenen Festivals, die im ganzen Land stattfinden. Wie die Herausforderung mit dem alleinigen Verkauf der Bücher meines Verlags, mit der ich konfrontiert war, drohte Ana Coimbra, dass ihre T-Shirts nicht genug wirtschaftliche Tragfähigkeit böten. Sie entschied sich, es sehr klug mit Street Food zu integrieren. Im gleichen Fahrzeug entstanden also drei verschiedene Unternehmensideen, die je nach Zielgruppe an die Ereignisse, an welchen sie teilnimmt, angepasst werden können.

Erstens stellt das Fahrzeug einer sehr breiten Öffentlichkeit eisgekühlte Getränke mit und ohne Alkohol bereit. Kirschlikör und Caipirinhas sind auf der ganzen Linie beliebt. Um das Konzept für ein jüngeres Publikum zu ändern, kann es aber umfunktioniert werden und American Biscuits, *tripa de Aveiro* (ein regionales Dessert) und Früchteshakes anbieten, oder es dient dazu, die T-Shirts, die das Geschäft begründet haben, zu verkaufen.

Anas Beispiel ist ein Fall der erfolgreichen Anpassung eines Food Trucks an andere Bereiche eines Business, das keine Beziehung zum Essen hat. Sie war in der Lage, eine ausreichend umfassende Marke zu entwickeln, um dabei so unterschiedliche Aktivitäten wie den Verkauf von bedruckten T-Shirts und die Vermarktung von Esswaren darin unterzubringen.

Die Fallstudie *Festa na Lambreta* beweist das immense Potential, welches Street Food für Handelsmarken anzubieten hat, die in der Lage sind, sich an die Realität des Straßenverkaufs anzupassen. Wenn die Vorausplanung gut gemacht wird, ist es möglich, Produkte oder Dienstleistungen über die Gasse anzubieten, die über die Gastronomie hinausgehen.

Grundlegende Gedanken zur Erinnerung

- Street Food ist ein neuer Industriezweig mit großen Expansionsmöglichkeiten.
- Street Food ist ein sehr flexibles Geschäftsfeld mit geringer Anfangsinvestition, was die ideale Lösung sein kann, um Ihren Traum eines eigenen Geschäfts zu verwirklichen.
- Das Vorhandensein einer starken und persönlichen Motivation am Geschäftsanfang ist eine wichtige Bedingung für den Erfolg.
- Wer Food Trucks nur wegen dem Markttrend oder als Modeerscheinung eröffnet, wird mehr Schwierigkeiten haben, ein Zukunftsprojekt zu entwickeln.
- Street Food ist ein anspruchsvolles Geschäft; achten Sie auf eine klare eigene Motivation, um ein Teil dieser Branche zu werden.
- Nehmen Sie sich Zeit, um sich mit anderen Unternehmern aus der Branche zu vernetzen.
- Seien Sie nicht wie ich, zielen Sie nicht darauf ab, «den Hausbau mit dem Dach zu beginnen». Street Food ist viel mehr als ein umgewandeltes Fahrzeug.

lovema
MARIA
LIMÃO

WAS IST STREET FOOD?

«Street Food: It's fun, tasty, trendy, cheap, adventurous, and meant to be eaten on the fly.»

Mix – Food, Flavors, Ideas 2011, Nestlé

Street Food und der Wanderverkauf

Die Herkunft der Bezeichnung Street Food ist nicht öffentlich bekannt, man vermutet aber, dass sie in den Vereinigten Staaten ins Leben gerufen wurde, um das Phänomen der Ausbreitung von Food Trucks zu benennen. Ein Food Truck ist ein umgebautes Fahrzeug für die Vorbereitung und den Verkauf von Essen auf der Straße. Das schnelle Wachstum dieser Erscheinung ließ eine neue, umfangreiche Branche in der Gastronomie und einen der am schnellsten wachsenden Markttrends entstehen.

Mit etwas mehr als zehn Jahren Existenz ist das Konzept von Street Food als Kulturbewegung zur Verbesserung des Straßenessens etwas relativ Neues, dessen Definition noch in der Entwicklung ist und worüber noch sehr wenig geschrieben wurde. José Borralho, Vizepräsident der *Associação de Street Food Portugal* glaubt, dass der Aufstieg dieses modernen Straßenessens eine unvermeidliche Entwicklung des Wanderverkaufs ist, der über mehrere Jahrzehnte auf der ganzen Welt existiert hat. Angefangen hat dies bei den Essenskarren auf lokalen Märkten in Entwicklungsländern und ging bis zu den Imbisswagen, die immer noch die Landstraßen in den westlichen Ländern bevölkern. Tatsächlich geht das Phänomen «Essen auf der Straße verkaufen» bis zu den Verkäufern von kleinen gebratenen Fischen in den Straßen von Athen im antiken Griechenland zurück.

Das Phänomen ist also nicht neu, aber Street Food bringt dem Sektor neue Argumente und philosophische Weltanschauungen, die in der Lage sind, es in eine völlig andere Kategorisierung als früher zu platzieren. Die Meinung aller Personen, die ich zur Umsetzung dieses Buches befragt habe, ist einstimmig: Street Food ist eine völlig neue und ganz andere unabhängige Branche als der traditionelle stationäre Verkauf von Esswaren. In diese Kategorie können wir die Imbisswagen, die Backwaren oder Sandwiches oder geröstete Kastanien verkaufen, und die traditionellen Wagen, die Eis anbieten, mit einbeziehen. Obwohl es sich um eine geografisch auf die Straße fixierte Essensverkaufsaktivität von einer Plattform handelt, sind diese Betriebe weder Street Food, noch gehören sie der Kulturbewegung an, mit der wir uns in diesem Buch befassen werden.

Auf den ersten Blick scheint eine solche Unterscheidung schwierig, wenn wir jedoch das Geschäft des Street Food mit stationärem Verkauf vergleichen, sind die Unterschiede offensichtlich. Das zweite stellt eine einfache oder vereinfachte Version in Bezug auf das Produkt, die Verkaufsplattform und das Geschäftskonzept dar. Häufig leisten die für den Wanderverkauf benutzten Fahrzeuge nur ein funktionelles Interesse, lassen aber die Ästhetik außer Acht und zeigen dem Verbraucher kein ernsthaftes Engagement bezüglich der Gesundheits- und Hygienebedingungen des Geschäfts. Es gibt weder ein gemeinsames Konzept für diese Aktivität, noch wird der Marke große Bedeutung geschenkt. Das führt zum Aufbau eines eher unattraktiven Geschäfts, dem die Fähigkeit fehlt, sich eine Anhängerschaft aufzubauen.

Denken Sie an das letzte Mal, als Sie Fritten an einem Imbisswagen gegessen haben: Können Sie sich an die Marke, das Logo oder den Namen des Verkäufers erinnern? Wahrscheinlich nicht, und das passiert, weil Ihre Konsumerfahrung nicht unverwechselbar oder unvergesslich war. Somit können wir sagen, dass alle Fritten-Imbisswagen denselben Besitzer haben könnten, und wir würden es nicht bemerken. Es gibt kein Interesse ihrerseits, an einer Marke zu arbeiten, die uns erlaubt, jeden Imbisswagen eindeutig zu unterscheiden. Um existenzfähig zu sein, hängt der Wanderverkauf von seinem nomadischen Charakter ab; eine Funktion, die schnell eher eine Verpflichtung als eine Möglichkeit wird.

Street Food ist genau das Gegenteil. Kleine, kompetente Geschäftsunternehmer zelebrieren ein ernsthaftes Engagement für die Qualität ihres Betriebs. Sie bauen darauf auf, sich ein Markenzeichen zu entwickeln und versuchen, es mit der Erstellung eines neuen Businesskonzepts zu kombinieren, um so leichter eine Gemeinschaft von Anhängern zu generieren. Dies tun sie, indem sie die traditionellen Gerichte aus verschiedenen Teilen der Welt übernehmen und dann versuchen, sie mit alternativen Zutaten und erweiterten Kochtechniken zu perfektionieren. All dies mit dem Ziel, dem Publikum neue Varianten ihrer Lieblingsgerichte anzubieten.

Die Mobilität ist ein Vorzug, der die Möglichkeit zum Ausprobieren zulässt. Es ist keine dem Unternehmen auferlegte Verpflichtung, da die Food Trucks auch gewinnbringend sein können, wenn sie immer an der gleichen Stelle sind. Die folgende Tabelle fasst die Standpunkte zusammen, die ich Ihnen präsentiert habe. Durch eine sehr einfache und direkte Gegenüberstellung ist der große Unterschied zwischen Wanderverkauf und Street Food deutlich zu sehen, da beide in den Zielen, den Promotorenprofilen und dem beabsichtigten Publikum abweichen.

Wanderverkauf	Street Food
Gewöhnliches Essen	Spez elles und differenziertes Essen
Breites, heterogenes Produktangebot	Konzentration auf Einzelprodukt
Fokus auf eine schnelle Verteilung des Produktes	Fokus auf Kundenerfahrung
Schlechte Fahrzeugpräsentation	Großes Interesse an der Ästhetik des Unternehmens
Marketing konzentriert auf die geografische Lage	Marketing konzentriert auf die Entwicklung der Marke
Ignorieren von sozialen Medien	Starker Fokus auf digitale Werbung
Bekanntes, konventionelles Angebot	Individuelles, unkonventionelles Angebot
Verkaufsplattform mit geringer Mobilität	Verkaufsplattform mit großer Mobilität
Plattform mit starker visueller Störung der Umwelt	Plattform anpassungsfähig an die Umwelt

Tabelle 1 Wanderverkauf vs. Street Food

Das Konzept festlegen

Wegen des relativ neuen Konzepts ist in Bezug auf Street Food wenig geschrieben worden. Das Fehlen von anderen Publikationen, die das Thema ansprechen, hat mich gezwungen, eine Abgrenzung zu definieren, basierend auf dem Empirismus meiner geleisteten Recherchen. Das ist nicht unbedingt falsch, aber es kann einige Einschränkungen bringen.

- Unternehmensgeografie
- Verkaufsplattform
- Mobilität
- Produktspezialisierung
- Marketingplanung

Das sind die fünf Funktionen, die ich bei meiner Definition von Street Food als grundlegend erachte. Es waren die fünf Stützpfeiler, die ich in jedem von mir ausgewerteten Betrieb und in jedem geführten Gespräch gefunden habe. Kombinieren wir alle diese Elemente, können wir folgende Definition entwickeln: *Street Food ist eine wirtschaftliche Tätigkeit, die darin besteht, die Zubereitung und den Verkauf von speziellen Speisen auf der Straße von einer mobilen Plattform aus durchzuführen, welche einer oder mehreren bestimmten Marken zugehörig ist.* Jedes dieser Elemente und ihre Zusammenführung in einem Businessplan schaffen ein differenziertes Konzept zum Wanderverkauf. Achten Sie besonders auf jeden dieser Punkte, wenn Sie Ihr Projekt planen. Es ist in Ihrem besten Interesse, sicherzustellen, dass es vom traditionellen Ansatz auf dem Markt abweicht, und dass die Hauptakteure dieser Tätigkeit (Kunden, Mitarbeiter, Geschäftspartner und Lizenzgeber) diese Distanz erkennen und wertschätzen.

Wie hat sich Street Food entwickelt?

So wie Sie das Konzept von Street Food in eine Definition zerlegen, hilft es für die Geschäftsplanung ebenfalls, den Ursprung der Bewegung zu verstehen. Die Hauptursachen dieser Entwicklung, die ich gleich genauer erläutern werde, werden die Garantie sein, dass Sie in diesen Markt im Bewusstsein seiner wirklichen Bedeutung einsteigen. Und Sie werden nicht versuchen, das Rad neu zu erfinden.

Modernes Street Food entstand mit dem Interesse der westlichen Märkte für neue Geschäftsideen, die den Status quo und das wachsende Interesse ihrer Kunden an Innovation herausforderten. Derzeit geht der Trend in der Geschäftswelt zu durchschlagender und ständiger Innovation. Damit kann man zunehmend steigende Wettbewerbsvorteile erzielen.

Im Bereich Gastronomie scheint Mobilität ein logischer Schritt zu sein, während die größten Hindernisse der Branche die hohen Anfangsinvestitionen einer Geschäftsgründung sowie die Unberechenbarkeit des Besucherandrangs sind. Obwohl diese Probleme seit vielen Jahren unverändert geblieben sind, war es erst vor kurzem durch die Kombination von zwei Gegebenheiten möglich, dass sie zur Realisierbarkeit von Street Food als Alternative zu traditionellen Restaurants beitragen. Wenn auf der einen Seite technische Entwicklungen die Existenz von Küchen im Kofferraum eines Motorfahrzeugs erlauben, stehen auf der anderen Seite Investoren mit dem richtigen Profil, welche ein Unternehmen starten und sich diese Möglichkeit zunutze machen.

Dies ist ein einzigartiger Moment in der Geschichte des Unternehmertums, und wir erleben möglicherweise die Geburt einer Industrie, welche weltweit die Zukunft der Gastronomie bestimmen wird. Der Kostenrückgang für Küchengeräte, ihre reduzierte Größe und Leistungssteigerung, die Entwicklung von Reinigungs- und Hygieneprodukten und die organisierte Urbanisierung der westlichen Städte sind Faktoren, die Street Food zu einer sehr begehrenswerten Anlagealternative macht – jene, die José Borralho als «Selbstständigkeitsgeneration» tituliert. Auf der Nachfrageseite ist Street Food bemerkenswert ähnlich begehrenswert und entspricht einem Bedürfnis der Kunden. Die steil ansteigende Urbanisierung und das starke Wachstum der Städte haben auf dem Markt verschiedene Probleme geschaffen, die noch auf eine Lösung warten. Wie jeder Unternehmer weiß, ist ein Marktproblem eine Gelegenheit für Investoren. Street Food ist nicht mehr als die ideale Lösung für die Verpflegungsprobleme, die die erhöhte Bevölkerungsdichte in den Städten geschaffen hat.

Obwohl sie wie lebende Organismen in ständiger Mutation sind, waren die großen Städte nicht in der Lage, eine rasche und zufriedenstellende Anpassung an die Bevölkerungsbewegungen zwischen Wohngegenden, Straßen und Parks zu begünstigen. Um dieses Problem besser zu verstehen, stellen Sie sich eine große Firma vor, die ihr Büro in einem typischen Wohnviertel der Stadt aufmacht. Sie werden leicht verstehen, dass die Suche nach Orten zum günstigen Mittagessen innerhalb kürzester Zeit unvermittelt ansteigt. Ein Unternehmer aus der Gastronomie hat die Möglichkeit, diese Gelegenheit zu erkennen und ein Restaurant in der Umgebung des Büros aufzumachen.

Nicht viele Unternehmer haben diese Gelegenheit aber genutzt. Zusätzlich besteht auch das Risiko, dass die Mitarbeitenden in den umliegenden Büros lieber woanders essen gehen als in das neu eröffnete Restaurant. Es beginnen sich nämlich neben dem Problem des Mangels an Nachschub, wo er gebraucht wird, neue Ernährungsgewohnheiten abzuzeichnen, die sich sehr rasch unter der urbanen Öffentlichkeit ausbreiten und die keine Resonanz in den traditionellen Restaurants finden: Die Menschen möchten gesundes Essen, sie sind Vegetarier, haben Gourmet-Gelüste oder möchten einfach eine schnelle Mahlzeit, ohne die Formalität und Langsamkeit eines Restaurantumfeldes.

Street Food, obwohl vor allem eine urbane Erscheinung, präsentiert sich als Lösung für diesen neuen Bedarf an Lebensmittelkonsum, die die traditionellen Formen der Gastronomie nicht ansprechen können. Wo einst ein Problem war, gibt es jetzt eine lukrative Lösung zu erkunden. Das American Street Food kam mit dieser Möglichkeit auf, um Führungskräften und anderen Arbeitern in Städten mit hoher Bevölkerungsdichte zu dienen. Einige Jahre und viele Erfahrungen später hat sich daraus eine Restaurationsform entwickelt, die in der Lage ist, die unterschiedlichsten Zielgruppen und

Konsumentenanforderungen zu befriedigen. Touristen, Besucher, Neugierige, Feinschmecker und andere Kunden wurden von der Street-Food-Begeisterung angesteckt, da die Konzepte und Standorte vielfältiger geworden sind.

Aus diesem Grund wird das Ziel Ihres Food Trucks einer der ersten Aspekte der Definition im Businessplan sein, da Sie alles andere, je nach Ihrem Kundenprofil, daraufhin anpassen müssen. Zur Veranschaulichung: Überlegen Sie sich, wie die Produktlieferzeit variieren kann, also ob Sie einem Büropublikum mit nur einer Stunde Zeit das Mittagessen servieren oder ob es Touristen sind, die die Freiheit vom Zeitdruck in ihrem Urlaub genießen und nach neuen und unterschiedlichen Erfahrungen suchen. Im ersten Fall müssen Sie einen Arbeitsablauf aufstellen, der Ihnen verkürzte Koch- und Servierzeiten ermöglicht (zwei Minuten sind zu viel!). Der zweite Fall sollte ein Gespräch mit dem Kunden fördern und versuchen, ihn in den Zubereitungsprozess Ihrer Leckereien mit einzubeziehen.

Street Food, Outdoor-Aktivitäten und die sozialen Netzwerke

Der schnelle Aufstieg von Street Food kann nicht nur durch die technische und technologische Entwicklung der auf die Gastronomie bezogenen Materialien und mit der mentalen Verfügbarkeit der Investoren erklärt werden. Es gibt andere Faktoren umständlicherer Natur, die zur Entstehung dieses Phänomens beitragen: die Zunahme der Outdoor-Aktivitäten und die Erfindung der sozialen Netzwerke.

Wir leben im Zeitalter der sozialen Medien und der digitalen Transformation, die dieses neue Kommunikationsinstrument gefördert haben. Das Gehen auf der Straße verwandelt sich in Rennen, Mittag- und Abendessen in «Food Porn», und Fotoalben, aufbewahrt auf staubigen Regalbrettern, werden zu «Selfies», veröffentlicht in den sozialen Netzwerken. All dies zusammen ergibt eine wachsende Wertschätzung von Outdoor-Aktivitäten,

Reisen, Wanderungen. Würde es Selfies geben, wenn die Menschen ihre Häuser nicht verlassen würden? Auch wenn es sie gäbe, würde es ein weit weniger populäres Phänomen mit wenig globalem Interesse sein. Die Menschen fühlen immer mehr die Notwendigkeit, hinauszugehen und die Straßen ihrer Städte zu erleben und zum ersten Mal in der Geschichte ihre Erlebnisse dort in den sozialen Plattformen offenzulegen. Es ist der Wunsch, neue Konzepte zu testen, neue Dinge zu sehen, verschiedene Geschmacksrichtungen zu probieren und all das mit den virtuellen Freunden zu teilen.

Die Evolution des Digitalen hat die Art und Weise, wie wir die Welt erleben, verändert, die Art, wie wir Information abrufen und wie wir mit unseren Freunden in Kontakt treten. Gegenwärtig haben die meisten Menschen der westlichen Welt Profile in sozialen Netzwerken und mobile Geräte, die es ihnen erlauben, ständig aktuelle Informationen über Aktivitäten zu erhalten. Diese Geräte, die jetzt in der Tasche eines jeden einzelnen sind, verfügen über integrierte hochauflösende Kameras, die es ihnen ermöglichen, überall Momente festzuhalten.

Die Kommunikationsbewegung wird somit zwischen den Nutzern festgelegt und nicht vom Sendeinhalt der Medieninstitute. Diese Änderung im Kommunikationsparadigma hat die Menschen und Unternehmen mit mehr und besseren Interaktionswerkzeugen ausgestattet, welche mit großer Wirksamkeit die Verbindungen zwischen Menschen mit ähnlichen Interessen und Zielen fördern. Plötzlich ist jeder Verbraucher mit Zugang zum Internet ein potentieller Kritiker und Meinungsbeeinflusser geworden, mit der Kraft, ein Geschäft in Schwung zu bringen oder es zu zerstören. Die gegenwärtige Tendenz in sozialen Netzwerken ist der wachsende Anteil an Erfahrungen, Vorlieben und Beschäftigungen.

Wenn Sie Ihre Street-Food-Tätigkeit in Gang bringen, beachten Sie also, dass Sie höchstwahrscheinlich Kunden bedienen werden, die vor der Verkostung Ihre Speisen fotografieren und das Bild mit Freunden teilen.

«Das Wichtigste ist die Verbreitung durch unsere Kunden, weil das gleichbedeutend mit der Zufriedenheit mit dem guten Service ist. Wir sind wahrscheinlich in etlichen Ländern präsent, durch Tausende von Fotos, die die Leute von uns gemacht haben.»

João Silva, Chef des Food Trucks *A Brasileira*

Es ist eine fabelhafte Gelegenheit, die Sie ausnutzen sollten, um Ihr Geschäft durch den viralen Effekt, den Mundpropaganda im Internet haben kann, voranzutreiben. Obwohl Street Food ein kosmopolitisches Phänomen ist, ist es ein neuer Lifestyle-Trend und begründet ein neues Denkmuster in den Verpflegungsgewohnheiten der Leute – definiert durch die wachsende Wertschätzung der Stadtbevölkerung für Outdoor-Aktivitäten und gesunde Lebensstile. Seine Entwicklung ist der Evolution der Städte gefolgt, da diese fußgängerfreundlicher geworden sind. Der Trend, nach und nach die Straßen für Autos zu schließen und sie für Fußgänger zu öffnen, sowie die Ausbreitung von Grünflächen schafft neue Möglichkeiten des Konsums. Der Menschenstrom, der ehemals in Richtung Shoppingzentren strömte, kann umgeleitet werden. Diese Freigabe von Straßen für eine neue Art von Einkaufs- und Unterhaltungsaktivitäten bildet eine Alternative zu Einkaufzentren, die sich immer mehr auf den schnellen Verkauf bestimmter Produkte spezialisieren, wie etwa Kleidung, Haushaltsgeräte und Lebensmittel. Auf der Straße findet ein eher spielerischer Verkauf statt, verbunden mit den Spaziergängen der Kunden im Freien. Damit führt er die Konsumenten zu angenehmeren Orten der Stadt, wie zum Beispiel in Gärten oder Parks, wo es bis jetzt wenige Einkaufsmöglichkeiten gibt. Außerdem möchten immer mehr Menschen ins Freie und das schöne Wetter während der Sommermonate genießen.

Wie Luís Rato sagt, dies ist keine Modeerscheinung, es ist eine Art, im Leben zu stehen, es ist ein Lebensstil. Die Geschäftsgrundlagen sind geschaffen, und so erklärt sich die gewaltig schnelle Ausweitung von Street Food in Europa. Die Mobilität der Food Trucks und besonders die geringe

Größe von motorisierten Dreirädern erlauben Street Food, an diesem neuen Trend Gefallen zu finden und an geografischen Standorten zu sein, die für eine andere Art von Gastronomiebetrieb nicht möglich und/oder durchführbar ist. Hinzu kommt, dass die europäischen Städte über saubere und ordentliche öffentliche Bereiche verfügen, wo die Food Trucks parken und gefahrlos unter gewährleisteten hygienischen Bedingungen funktionieren können. Je nach Art des Geschäfts oder gewählten Standorts können Betreiber von Food Trucks auch von der touristischen Nachfrage profitieren. In Europa ist das ein großer Markt, der sich in den kommenden Jahren wahrscheinlich deutlich erhöhen wird.

Phänomene wie Tourismus, das Internet, Straßenfeste und Sommerfestivals sollten als Antrieb für Street Food angesehen werden, da sie die Fähigkeit haben, große Gruppen von Menschen auf die Straßen der Stadt zu bringen, wo die Food Trucks ihr Angebot präsentieren können. Haben Sie schon einmal darüber nachgedacht, dass Ihr Street-Food-Geschäft zum Beispiel Badende an einem Fluss- oder Seeufer, Touristen an einer besonderen Attraktion oder Besucher von Handwerksmessen und Musikfestivals beliefern könnte?

Street Food, ein internationales Phänomen

Die Vereinten Nationen (UNO) schätzen, dass sich täglich 2,5 Milliarden Menschen auf der ganzen Welt in Straßenküchen verpflegen. Obwohl in diesen Schätzdaten auch die Entwicklungsländer enthalten sind, deren Essen auf der Straße ich zwar nicht als Street Food betrachten würde, aber als Wanderverkauf, sind die von der UNO dargebotenen Zahlen beeindruckend. Sie geben ein klareres Bild von der Wichtigkeit, die das Konzept in der westlichen Gastronomie in der nahen Zukunft haben kann.

Der andere Grund, warum ich mich auf diese Daten beziehe, ist der Einfluss, den das Essen auf der Straße in Entwicklungsländern auf die Inspiration für die Schaffung von Street Food im Westen hatte. Die UNO-Studie erwähnt, dass in erster Linie die westlichen Reisenden für die neuen Geschmacksrichtungen und Aromen des Essens auf den britischen (und somit auch auf den europäischen) Straßen verantwortlich waren und wohl immer noch sind.

Dadurch verstärkt sich die sich kontinuierlich entwickelnde Natur des modernen Street Food in Hinsicht auf den traditionellen Wanderverkauf. Auf internationaler Ebene ist gerade für London und New York bekannt, dass in diesen Städten mehr als zehn neue Food Trucks pro Monat auf die Straße gehen. Ähnlich stark wächst Street Food in allen Ländern Europas und den Vereinigten Staaten von Amerika und fordert einen bedeutenden Anteil der geschäftigsten Großstadtstraßen. Es erringt sich einen markanten Platz in der Bereitstellung von Speisen und Imbissen für die Arbeiter – zubereitet aus frischen Zutaten aus der Region zu erschwinglichen Preisen.

Gemäß den Daten für 2016 der Website britishstreetfood.co.uk[1] nimmt der englische Street-Food-Markt über 600 Millionen Pfund pro Jahr ein und wächst um 20% pro Jahr. Die Zahlen zeigen eine Branche mit großem Wachstumspotential, die sicherlich eine Inspiration für den Rest von Europa ist. Zum Beispiel für Finnland, dessen Hauptstadt Helsinki im Jahr 2014 ein Street-Food-Festival veranstaltete, das von mehr als 20 000 Menschen besucht wurde. Jenseits des Atlantischen Ozeans hält eine Studie, die auf der Website eines brasilianischen Unternehmens[2] veröffentlicht wurde, fest, dass im Jahr 2014 allein 48% der Food Trucks in den USA und Kanada einen Jahresumsatz von mehr als 75 000 US-Dollar gemeldet haben und einen durchschnittlichen Monatsumsatz von 5678 Dollar, während die durchschnittliche Investition zur Eröffnung des Unternehmens ungefähr bei 22 700 Dollar lag.

---

1 http://britishstreetfood.co.uk/bsfa/bsf1.pdf

2 http://www.empreendedoresweb.com.br/perfil-do-empreendedor-de-food-trucks/

Letztlich gibt es offenbar die Möglichkeit, die Investition nach sechs Monaten Aktivität zu amortisieren, selbstverständlich abhängig von den Geschäftsstrukturkosten. Dies ist ein neuer Ansatz für den Cateringmarkt, ein innovativer und demokratischer, der Unternehmern mit limitiertem Investitionskapital die notwendigen Werkzeuge anbietet, um so unter guten Bedingungen mit den besten Restaurants am Markt und den größeren Fast Food-Ketten zu konkurrieren.

Wer wird gewinnen? Wir werden später herausfinden, dass es sich um keinen Wettbewerb handelt, sondern um eine Zusammenarbeit zum Nutzen einer aufstrebenden Industrie und mit ausreichend Platz, um die unterschiedlichsten Interessen zu berücksichtigen.

Street Food in Portugal

Die Entwicklung von Street Food als eigenständiges Geschäftssegment, glaubwürdig und erstrebenswert, macht in Portugal die ersten Schritte in einer extrem schnellen Expansionsbewegung. Aber sie geschieht dennoch nachhaltig und wird das Land auf den richtigen Weg neben den europäischen Nachbarn und den amerikanischen Pionieren führen. Angeführt von Lissabon hat der portugiesische Street-Food-Markt ein exponentielles Wachstum erfahren, seit im Jahr 2010 Chefkoch Chakall mit seiner umgewandelten Piaggio Ape 50 auf dem Weg zur Fernsehshow *Chakall & Pulga* war. Es dauerte nur zwei Jahre, bis die ersten gewerblichen Gastronomieprojekte in Food Trucks entstanden.

Im Jahr 2012 war es *Salt and Sweet*, ein Projekt mit argentinischen Empanadas, dem Chakall beigetreten ist, und dann *Yonest*, eine handgemachte Joghurtmarke, die halfen, das Geschäftsfeld durch junges und direktes Branding und durch starke Präsenz in sozialen Netzwerken anzukurbeln. Mit dem Erfolg der Pioniere, die das Konzept erprobt haben, und der Tauglichkeit des Piaggio-Projekts für den portugiesischen Markt haben sich die Versionen von Street-Food-Projekten vervielfacht. In zwei Jahren gingen mehr als fünfzig Fahrzeuge auf die Straße.

Die extreme Schnelligkeit dieser Entwicklung hat seinen Ursprung in der Vision von Luís Rato, Urheber der Marke *Kiosque Street Food*, dem einzigen funktionierenden Dienstleister zum Aufbau von Food Trucks in Portugal. Er forderte Chakall auf, *Chakall & Pulga* zu registrieren, und seitdem gehören ihm ungefähr 90% der Street-Food-Projekte in Portugal, ein Erfolg, der ihm 2015 den Preis der *Escolha dos Profissionais* (Wahl der Profis) einbrachte; und das in dem Jahr, in dem der Aufschwung der Branche in Portugal begann. Es war auch die Zeit, in der die Gastronomie dieses neue Geschäftsfeld als Anlagemöglichkeit in einem günstigen Umfeld zu sehen begann, sowie als Lösung für die neuen Konsumbedürfnisse des portugiesischen Kunden. Das Erreichen eines solchen Ansehens in der Öffentlichkeit in nur fünf Jahren war eine herausfordernde, aber im Großen und Ganzen von Erfolg gekrönte Aufgabe. Das *European Street Food Festival,* abgehalten im April 2015 in Estoril, und die Premiere der Fernsehsendung *Shark Tank* im Januar desselben Jahres, wo erfolgreiche Projekte dieser Art gefördert wurden, gaben den endgültigen Beweis für den Erfolg des Geschäftsfeldes, das sich mehr als lange währender Trend denn als eine kurz aufflackernde Mode behauptet hat.

Laut den Daten von *Associação de Street Food Portugal*, freundlicherweise zur Verfügung gestellt von deren Vizepräsidenten José Borralho, hat der portugiesische Markt einen potentiellen Jahresumsatz von 2,5 Millionen Euro, und es wird eine Steigerung von 20% pro Jahr erwartet. Das sind sehr ermutigende Zahlen für ein Geschäftsfeld, das erst seit kurzem existiert. Auch nach dem Festival in Estoril, einem Meilenstein für Street Food in Portugal, haben traditionelle Restaurantunternehmer versucht, in dieses neue Geschäft einzusteigen, um so die Rentabilität der bereits bestehenden Operationsbasis zu steigern. Laut José Borralho zeige dies, dass Portugal auf dem richtigen Weg ist, um anderen Märkten zu entsprechen, wie etwa dem in England, wo diese Praktik bereits üblich ist. Auf dem Festival in Estoril, bei dem ungefähr fünfzig Food Trucks zusammengeführt wurden, zählte man mehr als 100 000 Besucher, es wurde ein Einkommen von 350 000 Euro berechnet. Die Türen des Festivals öffneten sich für Street Food und kreierten damit eine wichtige Einnahmequelle für die Food-Truck-Betreiber, deren Anzahl in den Folgejahren erheblich ansteigen sollten.

Ein sich schnell entwickelndes Geschäft

Wie Sie laut den vorher angegebenen Zahlen inzwischen bestimmt verstanden haben, ist Street Food ein Geschäft, das sich schnell entwickelt und dementsprechend die zurücklässt, die sich nicht anpassen können. Welches Marktsegment Sie auch immer für das Zielpublikum Ihres Food Trucks auswählen, Sie müssen immer daran denken, dass Innovation eine dauerhafte und stetig ansteigende Voraussetzung für die Konsumnachfrage ist. Wie sonst könnte man die Wahl der Kunden, Food Trucks den traditionellen Cafés und Restaurants zu bevorzugen, erklären? Street Food existiert, weil die traditionelle Gastronomie nicht in der Lage ist, alle Bedürfnisse des Marktes zu decken, und ein großer Teil der unbefriedigten Nachfrage bezieht sich auf das Niveau der Innovation, der stetigen Entdeckung von neuen Geschmacksrichtungen und Texturen.

Beim Starten eines Street-Food-Projekts werden Sie zwangsläufig mit der Frage des Wettbewerbsvorteils zu kämpfen haben, den Ihr Unternehmen in der Gastronomiebranche unterscheidet. Es steht fest, dass Sie sich keinen Preiskrieg mit anderen Spielern auf dem Markt leisten können, vor allem nicht mit den großen Fast-Food-Ketten. Sie müssen sich für die Reduzierung der Erstinvestition und die Entwicklung von neuen Geschmacksvorschlägen engagieren. Während das Gewerbe seine Grundzutaten ausgetestet und Fehler beseitigt hat, hat Street Food als Reaktion darauf traditionelle Gerichte neu definiert und neu gestaltet, um so die gute Qualität hervorzuheben. Street Food ist Geschmack, ist Qualität und Kundenerlebnis.

Die Mentalität jener, die in den Markt einsteigen, sollte wie folgt ausgerichtet werden: «Wenn ich nicht mit größeren Burger-Ketten auf dem Preisniveau konkurrieren kann, werde ich einen Hamburger aus Fleisch von erster Qualität anbieten und ihn unter den neugierigen Blicken meiner Kunden braten und servieren, um ihnen so ein unverwechselbares Gourmet-Erlebnis zu bescheren, für das sie bereit sein werden, mehr zu bezahlen. Darüber hinaus werde ich meine Produkte am Ufer des Flusses servieren, an einem erstklassigen Standort, mit dem kein traditionelles Restaurant konkurrieren kann.»

Aber seien Sie vorsichtig, machen Sie nicht den Fehler, das Konzept eines anderen zu kopieren. Wenn Sie den Eintritt in ein Geschäft beschleunigen möchten, um den Markttrend nicht zu verpassen, riskieren Sie, nach einem bereits umgesetzten Konzept zu langen, damit es Ihnen ein innovatives Image gibt. Vergessen Sie aber nicht, dass etwas, das heute, wenn wir anfangen über ein neues Geschäft nachzudenken und mit der Planung beginnen, innovativ ist, ein oder zwei Jahre später nicht mehr bahnbrechend sein könnte, wenn das Projekt endlich in die Praxis umgesetzt wird und öffentliche Beachtung gewinnt. Sicherlich mag auch niemand Anbieter, die mit Ideen und Konzepten auf den Markt gehen, die aus anderen Projekten stammen. Seien Sie vorsichtig, wen Sie imitieren, aber eigentlich sollten Sie gar nicht erst imitieren müssen.

«Das große Geschäftsrisiko in Portugal ist die unglaubliche Menge an Nachahmern. Die Menschen kopieren alles Erfolgreiche, aber sie kopieren es schlecht.»

Luís Rato
Gründer von *Kiosque Street Food*

Grundlegende Gedanken zur Erinnerung

- Obwohl Straßenverpflegung und Straßenverkäufer bis ins alte Griechenland zurückreichen, ist das moderne Street Food eine neue kulturelle Bewegung, die in den USA entstanden ist.
- Street Food ist eine Evolution des Straßenessens der Entwicklungsländer (vor allem der asiatischen Länder), behauptet sich allerdings selbst als etwas Neues und völlig anderes.
- Street Food und Wanderverkauf sind verschieden und nicht Teil derselben kulturellen Bewegung.
- Die Food Trucks setzen auf Differenzierung, Spezialisierung und Mobilität.
- Vergewissern Sie sich, dass Sie sich in den Augen der verschiedenen Akteure von traditionellem Wanderverkauf unterscheiden.
- Das wichtigste Stichwort ist die bahnbrechende Innovation.
- Machen Sie aus Ihrem Food Truck ein innovatives Geschäft.
- Hören Sie auf, Probleme zu sehen, und beginnen Sie, nach Möglichkeiten zu suchen.
- Street Food ist die Lösung für den schnellen städtischen Wandel und den Ernährungsdruck, den er verursacht.
- Die Entstehung von Street Food ist direkt mit der Zunahme der Outdoor-Aktivitäten und mit der Erfindung der sozialen Netzwerke verknüpft. Denken Sie daran, wenn Sie auf der Straße sind.
- Die Street-Food-Branche wächst um 20 % pro Jahr, und ein Food Truck hat Möglichkeiten, sich in nur sechs Monaten abzubezahlen.

CORAÇÃO DE CHEF
COMIDA
SANDES com
TALENTO PORTUGUÊS
P
RETIRE AQUI
O SEU BILHETE
COMIDA de Rua

WARUM FOOD TRUCKS

«Jeder liebt eine Ape auf den ersten Blick. Sie hat ein altertümlich hübsches und witziges Image, das niemanden gleichgültig lässt.»

Sara Chen
Piaggio in Portugal

Im Jahr 2012 gerieten zahlreiche europäische Länder in eine schwere Wirtschaftskrise und somit auch in eine soziale Krise. Die abgeschwächte Wirtschaftsleistung führte zu dramatischen Situationen, die Arbeitslosigkeit und Arbeitsplatzunsicherheit auslösten. Die Folge?

Es gab viele junge Akademiker mit hohen Fähigkeiten und Qualifikationen, die keine Aussicht auf Arbeit in traditionellen Unternehmen hatten. Außerdem wurden Arbeiter im Alter zwischen 35 und 45 Jahren, teilweise in leitender Funktion, durch Entlassungen gezwungen, die Arbeit eines ganzen Lebens hinter sich zu lassen. In einer ersten Phase führte dies zu einer Emigration von südländischen Arbeitern in Länder mit tieferer Arbeitslosenquote. Für viele war es jedoch keine Option, das Land zu verlassen, in dem sie geboren worden sind. Einige sahen in der Eröffnung eines eigenen

Geschäfts den besten Weg, um sich in den Markt zu integrieren. Wir verdanken der schwachen Konjunktur den Anstieg von Street Food in Europa.

Normalerweise, wenn man mit der Eröffnung seines eigenen Geschäfts, vor allem aus einer dringenden Notwendigkeit heraus, konfrontiert wird, kommt einem der Gastronomiebereich als erstes in den Sinn. Dies geschieht, weil uns der gesunde Menschenverstand fälschlicherweise sagt, dass es ein interessantes Gewerbe ist, die eigenen Ideen leicht umsetzbar sind und ein Gastrobetrieb uns viel Spaß mit Freunden bringen wird. Schließlich haben wir alle das besondere Talent, ein Gericht nach einem Geheimrezept unserer Großmutter zu kochen. Das Gefühl für Gastfreundschaft ist in vielen Kulturen tief verwurzelt, und deshalb tendieren neue Unternehmer oft zur Gastronomie. Mit so vielen neuen Teilnehmern, die ständig ein neuer Bestandteil der Branche sein wollen, entstehen immer wieder neue Ideen und sehr gut ausgebaute Konzepte.

Leider ist der zweite Schritt immer der komplizierteste und manchmal sogar unüberwindbar: die Anfangsinvestition. Die Grundinvestition in einen Gastronomiebetrieb ist abschreckend hoch, besonders für arbeitslose Unternehmer, die darüber nachdenken, die Ersparnisse aus einem abhängigen Arbeitsleben zu investieren. Zunächst legten die Leute in Straßenläden an und waren damit abhängig von der Wahl des Standortes, damit das Geschäft erfolgreich sein konnte. In einer zweiten Phase wandten sich die Gastronomieunternehmen, die es geschafft hatten zu wachsen, an die Einkaufszentren, wo die große Masse der Kunden versprach, das Einkommen aufzubessern. Beide Szenarien verlangen eine hohe Anfangsinvestition und zwingen die Unternehmer, sich mit einer Reihe von Optionen zurechtzufinden, die getroffen werden müssen, noch bevor das Geschäft in Betrieb geht.

Mit Street Food kam eine dritte Phase, eine neue Investitionsmöglichkeit, die die Regeln des Spiels vollständig und für immer geändert hat. Es bietet eine neue Art, Geschäfte zu machen, völlig anders als die vorherigen, und das sprach den Unternehmer sehr stark an. Es geht jetzt um Projekte, die sehr wenig Risiko haben, dafür aber die Möglichkeit, alle Aspekte des Betriebs ganz einfach zu ändern, und die Unverbindlichkeit einer festen und unveränderlichen Lage. Die Berichte, die ich in mehreren Interviews mit Food-Truck-Betreibern gesammelt habe, zeigen, dass einige der gemachten Investitionen in nur sechs Monaten zurückgeholt werden!

Die «geheimen» Bestandteile, die dies möglich machen, sind die hohe Rentabilität und die geringen Anfangsinvestitionen, die sich im tiefen fünfstelligen Bereich bewegen, die jeweils nur abhängig von der Größe des Projekts und den verwendeten Fahrzeugen sind. Aber es ist nicht nur der finanzielle Aspekt, der die Attraktivität von Street Food für Geschäftsgründer bestimmt.

Die Mobilität ist dafür besonders wichtig. Ein Geschäft zu haben, das die Lage je nach Tageszeit und Verbrauchsmoment ändern kann, ist der Traum eines jeden Unternehmers in der Gastronomie. Stellen Sie sich vor, dass Sie morgens Ihren Betrieb in der Nähe des U-Bahn-Ausgangs aufbauen, um die Pendler mit Frühstück zu versorgen. Ungefähr um elf Uhr parken Sie Ihren Food Truck im Geschäftsviertel der City, wo viele Manager einen Ort zum Mittagessen suchen. Am Nachmittag, zur Vesper- oder Zvierizeit, verschieben Sie Ihr Motorrad in den Stadtpark, wo Sie Kuchen und Cappuccino an jene verkaufen, die nach einem anstrengenden Arbeitstag Erholung suchen. Am Abend, wenn die Kunden zum Abendessen gehen, wird Ihr Restaurant auf Rädern bereits innerhalb des Ausgangsviertels eingerichtet, um so das bestehende Angebot vor Ort zu ergänzen.

Mit Street Food ist dies möglich! Das Geschäft ist nicht mehr abhängig von einem fixen Laden, und es beginnt sich ausschließlich auf die Fähigkeit des Unternehmers zu verlassen, sich um Kunden zu bemühen und so das Geschäft blühen zu lassen. Besonders für im Umgang mit Lebensmitteln unerfahrene Selbstständige ist Street Food eine ausgezeichnete Gelegenheit mit einer niedrigen Anfangsinvestition. Testen Sie Ihre Geschäftsidee direkt, und verbessern Sie nach und nach alle Aspekte des Projekts.

Beim Betrieb eines Food Trucks lernen Sie, die Lebensmittelverschwendung zu begrenzen, da es ertragreicher ist, das Lager zu verkaufen, als Produktüberreste zu haben. Sie werden auch die Kosten der eingekauften Lebensmittel reduzieren müssen und das Menü auf einen bis drei Gänge spezialisieren. Die Suche nach neuen und vor allem schnellen Zubereitungstechniken, die gleichzeitig den Geschmack der Speisen maximieren, ist besonders wichtig. Die Beschränkung des nutzbaren Raumes zum Kochen und richtigen Lagern der Produkte und die öffentliche Zubereitung der Speisen verlangen die Entwicklung einer methodischen, organisierten und vor allem sauberen Art, Essen zu kochen. Street Food kann auch ein Plus bei der Schaffung und Differenzierung der Marke sein, die Sie für Ihr Projekt erschaffen mögen, sollten Sie denn auch etwas anderes als Essen anbieten wollen.

Einfach gesagt: Es ist nichts Neues, wenn ein Hamburgerladen in Ihrer Nähe eröffnet. «Noch einer», werden Sie sich denken. Aber was, wenn die Hamburger Sie auf einem schicken Fahrzeug erreichen? Vielleicht ist dies der Anstoss für einen kleinen Presseartikel oder zumindest für ein wenig Gerede unter der Nachbarschaft.

Eines ist sicher, wo auch immer ein Food Truck hinfährt, er wird nicht unbemerkt bleiben. Seine hoffentlich fantastische Aufmachung und die sanfte Art, wie er sich mit der Umwelt vermischt, macht ihn zum Objekt von Neugier und Interesse. Besonders, wenn Sie das mit der Möglichkeit verbinden, die Menschen in den Herstellungs- und Servierprozess der Gerichte mit einzubeziehen. Sie bieten dem Kunden damit einen Mehrwert. Das Fahrzeug wird ein Hauptakteur in Ihrem Street-Food-Business sein. Sie sollten seine ästhetische Anziehungskraft, seine betriebliche Eignung für die Art des Produktes, das Sie vermarkten möchten, und die Anpassung an die Werte und die Seele gewährleisten. In der *Kiosque-Street-Food*-Fabrik wurde ich Zeuge der unübertroffenen Art, wie das dortige Team einen Piaggio in eine richtige Küche auf Rädern verwandelte. Sie können sich folgendes merken: Wenn Sie in das Geschäft der Straßenverpflegung einsteigen, wird das Kundenvertrauen in die Qualität und Hygiene Ihrer Produkte Ihr Hauptanliegen sein.

Grundlegende Gedanken zur Erinnerung

- Street-Food-Projekte haben ein geringes Risiko, alle Aspekte des Betriebs sind leicht zu ändern, und Sie müssen sich nicht auf eine feste und unveränderliche Lage festlegen.
- Ein Food Truck gibt Ihnen die Freiheit, den Standort Ihres Unternehmens nach Ihren Bedürfnissen zu ändern. Nutzen Sie diese Besonderheit der Branche.
- Um einen erfolgreichen Food Truck zu betreiben, müssen Sie die Lebensmittelabfälle einschränken, die Lebensmittelkosten reduzieren und das Menü spezialisieren.
- Der Food Truck ist eines der wichtigsten Elemente eines Street-Food-Projekts. Stellen Sie sicher, ein ansprechendes Design zu erstellen, das Neugierde und Bewunderung bei den Kunden verursacht.
- Ihr Hauptanliegen sollte das Vertrauen der Kunden sein, das Sie nur mit einer besonderen Sorge um die Geschäftsqualität und Hygiene gewinnen.

Tasca
ITINERANTE

WIE MAN STARTET

«There is a revolution happening in British Food, and it's happening on the street.»

Richard Johnson
The Guardian

Der interessanteste Aspekt einer Unternehmerpersönlichkeit ist für mich der Drang, Dinge zu tun und Ideen und neu erworbenes Wissen auszutesten. Wenn Sie sich in diesem Profil wiedererkennen, gehe ich davon aus, dass Sie bereits ungeduldig auf den Teil des Buches warten, der Ihnen bei der anfänglichen Planung Ihres Projekts helfen wird. Ich werde Sie also direkt dort hinführen.

Wie starte ich mein Street-Food-Geschäft?

Die Antwort auf diese Frage ist weder einfach noch schnell zu beantworten. Während der Recherchen für dieses Buch konnte ich verschiedene Meinungen zum schwierigen Problem des Geschäftsstarts sammeln.

Street Food ist eine besondere, heterogene Branche, die Unternehmer mit den unterschiedlichsten Hintergründen und Fachgebieten einschließt. Daher ist es nur natürlich, dass ihre Ansichten verschieden sind, da sie dazu neigen, ihre eigene Reise des persönlichen und beruflichen Lebens zu reflektieren. Sollten Sie mit der Wahl des Produktes, mit dem Sie arbeiten möchten, anfangen oder mit der Auswahl der Art des Food Trucks, den Sie betreiben werden? Von einem anderen Standpunkt aus: Sollten Sie mit der Planung der geografischen Lage des Verkaufsortes oder mit dem Abschluss von Vereinbarungen und Partnerschaften mit Veranstaltungen und Festivals beginnen?

In diesem Stadium herrscht eine große Unsicherheit. Ich sage dies sehr bestimmt, weil auch ich so angefangen habe. Es kann sein, dass die anfängliche Aufregung, in Street Food einzusteigen, nur im Enthusiasmus, den Sie für den Umbau des Fahrzeugs aufbringen, liegt. Die restlichen Elemente des Projekts interessieren Sie vielleicht kaum. Für mich führte mich die Aufregung, von der ich spreche, zu einer intensiven Nachforschung über Food Trucks und später zur *Kiosque-Street-Food*-Fabrik. So konnte ich meine ausgeprägte Neugier für alle Details des Fahrzeugumbaus befriedigen und es mit meinen eigenen Augen sehen. Meine Unwissenheit über die Branche und die durch die Fahrzeuge geweckte Faszination motivierten mich, nach Gesprächen mit anerkannten Koryphäen in diesem Bereich zu suchen.

Ich habe das gerade noch rechtzeitig gemerkt. Hätte ich einfach so mit einem Food Truck angefangen, hätte ich zu spät erkannt, dass Bücher und Wein über die Gasse zu verkaufen eine schlechte Geschäftsidee war. Im Nachhinein kann ich jetzt festhalten, dass ich schlecht an die Planung des Projekts herangegangen bin. Ich war begeistert von der Idee, einen Food Truck zu haben, und habe alles andere und vor allem das Notwendigere vergessen. Ich hätte ihn nicht überlebensfähig und gewinnbringend machen können. Die Nähe von *Kiosque Street Food* und die Erreichbarkeit seiner Angestellten waren in dieser Angelegenheit von unschätzbarem Wert. Ich stehe hinter Luís Rato, wenn er sagt: «Das einzige Risiko von Street Food sind die

Entwickler der einzelnen Projekte, der Rest ist anpassungsfähig und umwandelbar.» Deshalb glaube ich, dass sich der Leser vor dem Nachdenken über das Produkt, die Lage, die Lizenz oder den Food Truck selbst analysieren und verstehen muss, ob diese Art von Projekt zu ihm passt.

Zunächst ist es wichtig, sich zu fragen, ob Sie das passende Profil für ein Geschäft auf der Straße haben. Sie müssen wissen, wie Sie mit den Temperatur- und Wetterschwankungen, mit unerwartetem Straßenverkehr in der Nähe Ihres Food Trucks umgehen, und Sie müssen kontaktfreudig sein, um den Menschen in Ihrem Alltag positiv zu begegnen. Sicherlich werden Sie die Kunden zu den Hauptessenszeiten aus eigener Initiative aufsuchen, aber Sie sollten nicht aufhören, in den weniger besuchten Zeiten neue Kunden zu gewinnen. Dieser Aspekt ist mit Motivation verbunden, einen Kernpunkt, den ich im Unterkapitel *Mein Fahrzeug* behandelt habe.

Der zweite Punkt, über den Sie sich Gedanken machen sollten, hat mit den Fähigkeiten zu tun, die Sie für ein Projekt dieser Natur benötigen: Begeistern Sie sich für Essen? Können Sie Kochen? Sind Sie methodisch und organisiert? Können Sie mit unvorhergesehenen Ereignissen umgehen; haben Sie Mittel zu Problemlösungen? Oder geraten Sie in Panik, wenn Sie etwas nicht auf Lager haben? Können Sie den Backofen reparieren, wenn er nicht funktioniert? Street Food braucht jemanden mit einer starken Fähigkeit zur Improvisation und Lösung von Problemen. Im Gegensatz zu einem traditionellen Restaurant wird es sehr schwierig sein, für den Notfall zusätzliche Geräte in der Nähe zu haben, um eine Fehlfunktion auszugleichen. Es ist daher unbedingt notwendig, über die routinemäßige Wartung der Geräte Bescheid zu wissen, da Ihr Geschäft davon abhängt. Sie müssen es zu vermeiden wissen, dass der Kunde von technischen Ausfällen beeinträchtigt wird.

Darüber hinaus ist es auch wichtig, über Fähigkeiten in Management und Marketing zu verfügen, damit Sie maximale Rentabilität aus Ihrem Food Truck schöpfen können. Haben Sie schon einmal ein Unternehmen gehabt? Haben Sie Erfahrung in der Gastronomie? Wissen Sie zum Beispiel, dass die Tassen aus Hygienegründen mit der Öffnung nach unten aufbewahrt werden müssen? Sie müssen in der Lage sein, eine effektive Lagerhaltung zu führen, um sicherzustellen, dass Sie auf der einen Seite kein Geld verlieren und auf der anderen Seite keine Ressourcen verschwenden. Wissen Sie über Social Media und Online-Werbung Bescheid? Können Sie eine Website für Ihr Geschäft erstellen? Wenn Sie nicht alle diese Punkte abdecken können, muss Ihnen bewusst werden, dass Sie einige Dienste auslagern müssen. Diese Kosten müssen also im Geschäftsplan von Anfang an berücksichtigt werden, damit Sie später keine unangenehmen Überraschungen erleben.

Auf operativer Ebene sollten Sie auch einige Details planen. Können Sie den besten Standort für Ihr Unternehmen finden? Erhalten Sie alle notwendigen Genehmigungen innerhalb eines angemessenen Zeitrahmens? Zu welchen Zeiten wird der Food Truck öffnen? Welche Art von Mahlzeiten werden Sie abdecken? Wer ist Ihre Zielgruppe? Können Sie eine solide Kundenbasis aufbauen und verwalten? Werden Sie in Teilzeit oder Vollzeit arbeiten? Werden Sie Partner und/oder Mitarbeiter haben? Planen Sie, in Zukunft mehrere Food Trucks zu haben?

Obwohl es auf den ersten Blick so aussehen mag, sind dies keine Fragen für später. Die Skalierbarkeit des Unternehmens und seine Kostenstruktur muss von vornherein festgelegt werden. Es ist wie beim Planen einer Reise: Das Ziel muss feststehen, sonst können Sie keinen Weg dorthin festlegen.

Nicht zuletzt sollten Sie die Buchhaltung berücksichtigen. Haben Sie das nötige Kapital für die Investition? Wenn nicht, wie werden Sie es aufbringen? Wird es eine Kapitalrendite geben? Werden Sie in der Lage sein, Ihren Lohn und den Ihrer Mitarbeiter zu garantieren? Wenn Sie im schlimmsten Fall die Hälfte der Investition verlieren, wird das Essen auf dem Tisch bei Ihnen zu Hause fehlen?

Das ist die Frage, die wir uns am Ende immer stellen müssen. Ein Street-Food-Projekt zu starten ist nicht schwierig, schwierig ist das Unternehmensmanagement. Aufgrund seiner nomadischen Natur stellt Street Food einige

Schwierigkeiten für Unternehmer in Bezug auf die Betriebsführung dar. Aus diesem Grund sollte die Eignung Ihres Anlegerprofils zu dieser Branche das erste Kapitel Ihres Businessplans sein. Es gibt keinen Food Truck, wie toll er auch immer gestaltet sein mag, der Ihr Projekt zum Erfolg werden lässt, wenn Sie nicht das nötige Handwerk mitbringen. Wenn Sie es geschafft haben, auf alle von mir vorher gestellten Fragen eine zufriedenstellende Antwort zu finden, könnte Street Food eine Geschäftsmöglichkeit für Sie sein. In diesem Fall wird die Art und Weise, wie Sie mit der Planung beginnen, nur von Ihnen selbst abhängen.

Jorge Fernandes, Partner des Projekts *Piadina's, Wine & Co.*, erkannte, noch bevor er einen Food Truck anschaffte, dass er kommerziell mit Piadinas, einem italienischen Fladenbrot, arbeiten wollte. Nach dem Probieren einer Piadina in einem portugiesischen Restaurant und dem Vergleich mit dem Originalprodukt aus Italien stellte er fest, dass man die Qualität der Zutaten sehr wohl verbessern könnte. Vor diesem Hintergrund überlegte er sich, dass die Piadina ein perfekt geeignetes Produkt für Street Food war und rief das Projekt auf einem Piaggio-Fahrzeug ins Leben. Heute verwendet Jorge Fernandes' Food Truck nur Zutaten von großen Marken mit hoher Qualität, die dem kommerzialisierten Produkt mehr Geschmack und Kontinuität gewähren. Darüber hinaus gewährleistet ihm die Verwendung von bekannten Marken, dass er alle benötigten Zutaten in jedem Gebiet des Landes finden kann, was die Betriebslogistik erleichtert, und dass der Geschmack des Produktes sich nie groß ändert. In der Situation von Jorge Fernandes hatte der Einstieg in Street Food das Ziel, ein bestehendes Produkt anders zu nutzen.

Dies war ganz anders bei Mário dos Santos Henriques. Er ist Partner von *Vespa Gourmet*, einem Projekt, das aus der Suche nach neuen Konzepten in der Gastronomie entstand. Am Ursprung von *Vespa Gourmet* stand die direkte Beobachtung des brasilianischen Straßenessens bei dem Versuch, in dieses Land auszuwandern. Mário sah in den Food Trucks die Möglichkeit der Diversifikation und suchte dann nach einem Produkt, das sein Geschäft anbieten könnte.

Auf andere Weise startete Bárbara Vidal, Gründerin von *Wine With a View*, ihr Projekt. Die Unternehmerin hat bereits seit ihrer Unizeit davon geträumt, das Angebot für Touristen in der Nähe einer Attraktion durch Weine zu bereichern. Ihre Leidenschaft für Wein und der Wunsch, auf der Straße damit zu arbeiten, führten sie dazu, eine geeignete Verkaufsstelle in Lissabon zu suchen. Die Begeisterung, mit der ihre Idee als Lösung für den Mangel an Essensangeboten in der Burg São Jorge empfangen wurde, gab den endgültigen Ton für die Wahl eines Food Trucks als Verkaufsplattform an.

Es gibt mehrere Möglichkeiten, sich der Branche zu nähern. Eine andere Chance, völlig anders als die vorherigen, war meine Idee, die, obwohl sie nicht erfolgreich angewendet wurde, eine mögliche Weise ist, in Street Food einzusteigen. Es ging mir in erster Linie darum, Bücher, die nichts mit Street Food zu tun haben, an den Mann zu bringen. Die Verwendung eines Food Trucks, um eigene Marken anzupreisen und bekanntzumachen, wird die Zukunft der Branche sein – eine Idee, die im nächsten Unterkapitel behandelt wird. In diesem Fall wird am Anfang des Projekts die Kreation der Marke stehen. Wenn die Motivation für Street Food die Anpreisung Ihrer eigenen Marke ist, ist es wichtig zu berücksichtigen, dass die Projektplanung ihre Werte und ihre Geschichte respektieren muss. Die Definition der Zielgruppe, die Wahl der Verkaufsstelle, das Design des Food Trucks, all dies muss auf die Markenattribute ausgerichtet werden.

Ein ausgezeichnetes Beispiel dafür ist der Food Truck der Marke *A Brasileira*. Das Lissaboner Kaffeehaus mit demselben Namen wollte sich an der neuen Street-Food-Branche ausrichten. Das Konzept wurde vom Team von *Kiosque Street Food* entwickelt, das besondere Sorgfalt auf die Neugestaltung der wichtigsten visuellen Elemente legte: das Logo, die bearbeiteten Friese und die Statue von Fernando Pessoa. Derzeit ist *A Brasileira* wahrscheinlich eine der ältesten Marken der Welt, die auf ein Straßenessen-Konzept setzt. Laut dem Projektträger João Silva beruht der Erfolg auf dem Motto «Dem Kunden den weltbesten Kaffee liefern». Somit ist es nun möglich, den Kaffee von *A Brasileira* zu genießen, während man die Aussicht vom Aussichtspunkt Senhora do Monte in Lissabon bewundert, was ohne die Mobilität und Vielseitigkeit der Food Trucks unmöglich wäre.

Im zweiten Kapitel dieses Handbuchs für Gründer werde ich Ihnen Schritt für Schritt die Planung Ihres Street-Food-Geschäfts beschreiben. Sie werden die Gelegenheit haben, die verschiedenen Phasen eines Geschäftsplans kennenzulernen und die besten Techniken der Unternehmer, die bereits auf dem Markt sind, zu finden. Es ist ratsam, dass Sie beim Lesen der zweiten Hälfte des Buches gleich dazu bereit sind, mit dem Schreiben Ihres eigenen Geschäftsplans zu beginnen. Auf der Website www.streetfoodbook.com können Sie mit dem Passwort ilovestreetfood kostenlose Vorlagen herunterladen, die Ihnen dabei helfen sollen.

Die Aufteilung des Buches in zwei Kapitel versucht, zwischen einer ganzen Menge generelles Wissen der Branche und einer Reihe von praktischen Schritten zu unterscheiden, denen Sie folgen sollten, um Ihr spezifisches Projekt besser planen zu können. Doch bevor wir das Thema wechseln, ist es wichtig, die Argumentation zu vervollständigen, die ich in der ersten Hälfte des Buches durch die Analyse der verschiedenen Arten von Anlegerprofilen zu entwickeln versucht habe. Die Kategorisierung der Geschäftsunternehmer mit ähnlichen Eigenschaften in unterschiedlichen Profilen hat das Ziel, Sie auf ein nochmaliges Überdenken der bereits angesprochenen Fragen der Motivation für das Geschäft zu animieren. Wenn Sie eine gute Investition machen möchten und die Fähigkeit erwerben wollen, die erwarteten Einnahmen zu generieren, sollten Sie einen Überblick über die Anforderungen haben, die Street Food bedarf.

Grundlegende Gedanken zur Erinnerung

- Es gibt keinen eindeutig richtigen Weg, mit der Planung des Geschäfts zu beginnen. Beginnen Sie mit dem Punkt, der Sie am meisten interessiert, oder mit dem, der den meisten Sinn für Ihr Konzept macht. Vor allem, fangen Sie an!
- Lernen Sie von meiner Fallstudie, begeistern Sie sich nicht zu sehr für ein Detail. Planen Sie das Unternehmen als Ganzes.
- Finden Sie einen Geschäftspartner, der Ihnen bei der Planung und der Entwicklung des Projekts helfen kann. Ein Schlosser ist nicht die ideale Person, um ein Fahrzeug umzubauen.
- Unterscheiden Sie zwischen den Fähigkeiten, die Sie haben, und denen, welche Sie an externe Mitarbeiter weitergeben müssen. All dies beeinflusst die finanzielle Vorausplanung des Geschäftsplanes.
- Planen Sie die betrieblichen Anforderungen des Unternehmens und bewerten Sie die Einkommensmöglichkeiten.
- Komplizierter als ein Street-Food-Unternehmen zu starten ist sein tägliches Management.
- Entwickeln Sie eine starke und fundierte Marke und setzen Sie den Geschäftsplan um.

A BRASILEIRA
Brasileira
A Brasileira

IST DIESES GESCHÄFT ETWAS **FÜR SIE?**

«Ein Street-Food-Geschäft zu betreiben ist nicht dasselbe wie die Tür eines Restaurants aufzumachen und alles bereit zu haben.»

Jorge Fernandes
Piadina's, Wine & Co.

Jeder, der sein Augenmerk auf die europäische Gastronomielandschaft legt, ist rasch in der Lage, das Konzept «Gourmet» zu erkennen. Alles ist Gourmet. Vom kleinen Lebensmittelgeschäft bis zu den größten Restaurants scheinen alle Qualität bieten zu wollen. Sie möchten aus der wachsenden Verbrauchernachfrage nach besseren und folgerichtig auch teureren Produkten Nutzen ziehen. Street Food ist keine Ausnahme.

Der Clou der Straßenverpflegungsindustrie ist die Spezialisierung auf ein Einzelprodukt, und dieses verlangt die höchstmögliche Qualität in Produktion und Service. Trotz des übermäßigen Gebrauchs und der in einigen Fällen unpassenden Verwendung versucht der Begriff «Gourmet», ein Synonym für Qualität zu sein und alles zu identifizieren, das gut gemacht ist. Dies sollte auch die das Motto von Street Food sein: gutes Essen und ein noch besseres Gastronomie-Erlebnis.

Ich erwähne dieses Thema an dieser Stelle, um etwas zu widerlegen, das ich als Ihren wichtigsten Einwand gegen die Eröffnung eines Food Trucks zu identifizieren glaube. Es geht um die Marktsättigung. Jedes Mal, wenn ich von anderen Unternehmern über Street Food ausgefragt wurde, ist die Sorge um den Mangel an Raum für so viele Food Trucks angesprochen worden. Meine Antwort war und bleibt: Street Food ist weder eine kurze Modeerscheinung noch eine fast zusammenbrechende Branche. Der Schlüssel liegt im Gourmet-Konzept, das ich Ihnen vorher vorgestellt habe. Die neue Welle von Street Food basiert auf der Idee der hohen Qualität, und sie wird nur das Überleben der Projekte derer erlauben, die sich fest dafür engagieren. Diese «natürliche Selektion» beginnt genau bei diesem Thema.

Anders als in Einkaufszentren, wo die Geschäfte ihre Ware in einer kontrollierten und statischen Umgebung anbieten, ist der Unternehmer auf der Straße in direktem Kontakt mit dem Kunden und voll und ganz seinen wählerischen Ansprüchen ausgesetzt. Das ist eine neue Art und Weise zu verkaufen und dem Käufer zu dienen, die noch mehr Aufmerksamkeit fürs Detail verlangt. Sie können nicht einfach den Sicherheitsdienst des Einkaufszentrums rufen, um einen aufdringlichen Kunden zu vertreiben. Seien Sie bereit, sich dem Verbraucher von Angesicht zu Angesicht zu stellen. Der wiederum wird bereit sein, für eine erstklassige Verpflegung mehr zu bezahlen. Die Stände, die die Erwartungen der Kunden nicht erfüllen oder unterbieten, werden so einen Nachteil haben und diesen auch finanziell spüren. «Soziale Netzwerke können Wunder für das Street-Food-Business wirken, aber sie können es auch zerstören», wurde mir in einem Gespräch über die Zukunft der Industrie gesagt. Wenn Sie in dieses Geschäft einsteigen, vernachlässigen Sie also die Qualität Ihres Produktes nicht, sonst werden Sie an der Kundenbindung scheitern.

Die Fähigkeit, fehlerhafte Arbeitsabläufe neu zu organisieren und die Bescheidenheit, die eigenen Fehler zuzugeben, sind fundamentale Eigenschaften, die Sie haben müssen, wenn Sie Erfolg haben möchten. Darauf sollten Sie Ihr Hauptaugenmerk richten, wenn Sie Mitarbeiter einstellen.

Die Auswertung dessen, was ich in den verschiedenen Meetings, an denen ich zur Vorbereitung dieses Buches teilnahm, sah und hörte, sagt mir, dass eine große Anzahl von Unternehmern, die anstreben, in Street Food einzusteigen, nicht die richtige Einstellung haben, um auf der Straße zu sein. Sie verspüren schnell das Bedürfnis, das Projekt aufzugeben. Diese Gruppe von Investoren nennt Luís Rato «die Neugierigen». Diese Menschen sind angetrieben von der Innovation und dem Willen, mit allen Mitteln an der Spitze zu sein. Wenn sie sich von der Konkurrenz überfordert fühlen, neigen sie zum Kopieren anderer, erfolgreicher Projekte. Unternehmer mit dieser Art von Profil legen keinen Wert auf die Originalität und versuchen normalerweise Wettbewerbsvorteile gegenüber der Konkurrenz zu gewinnen, indem sie weniger investieren und Vorteile aus der verringerten Lernkurve ziehen, die die Geschäftsanalyse der Pioniere erlaubt.

Im Allgemeinen scheitern diese Unternehmer, weil sie die Nachhaltigkeit des Projekts nicht sicherstellen können. Sie werden daher schnell von den Kunden fallengelassen. Um den Kreis mit dem Beginn dieses Unterkapitels zu schließen: die Neugierigen sind die Unternehmer, die glauben, dass eine ausreichend schicke und trendige Verpackung etwas in «Gourmet» und «Premium» verwandeln kann. Sie sind die ersten, die unter der «natürlichen Selektion» der Industrie leiden und schnell aus dem Markt gedrängt werden. Wenn man die Zahlen der Expansion von Street Food analysiert, sind es die Neugierigen, die die Statistik verfälschen. Eine Marktsättigung ist also nicht vorhanden.

Neben den *Neugierigen* weist Rato auf drei andere Anlegerprofile hin, die Food Trucks gründen: die *Enthusiasten*, die *Vernünftigen* und die bereits bestehenden *Marken*.

Enthusiasten sind junge motivierte Menschen, die gewillt sind, in ihr eigenes Geschäftsprojekt zu investieren. Typischerweise sind es Akademiker, die in der Gründung eines eigenen Unternehmens eine attraktive Alternative zu abhängiger Arbeit sehen. Diese Investoren haben eigene Management- und Marketingkonzepte, und es fällt ihnen relativ einfach, einen Businessplan zu erstellen. Ihre größten Schwierigkeiten sind das Fehlen eines soliden Netzwerkes von Kontakten und ihre Unerfahrenheit im Geschäft. Sie werden vom niedrigen Anfangsinvestment, von der erhofften schnellen Rendite und dem Bild eines coolen Lebensstils angezogen.

Auf der anderen Seite sind die *Vernünftigen*, sie haben ein komplett anderes Investmentprofil als die Enthusiasten. Sie zeichnen sich durch einen soliden Job und die Gewohnheit einer komfortablen Lebensqualität aus. Sie sind normalerweise angestellt, aber es gibt auch Selbstständige und Unternehmer darunter. Was diese Gruppe auszeichnet, ist die Befähigung, im Street Food einen Nebenerwerb zu ihrer Hauptbeschäftigung zu sehen. Die Vernünftigen verstehen, dass das Geschäft mit Street Food sehr interessante Renditen auf das investierte Kapital und ein sehr geringes Risiko bietet; es ist eine günstigere Option als jede langfristige Anlage oder jeder Investmentfonds. Sie wählen Street Food aus rein rationalen und finanziellen Gründen. Diesen Menschen fällt es relativ einfach, den Prozess der Betriebsgründung zu beschleunigen. Sie besitzen eine umfangreiche Liste von Kontakten, aus der sie in der Regel die ersten Kunden für den neuen Betrieb ziehen können. Ihre größte Schwierigkeit liegt im täglichen Management des Projekts, da sie es mit einem bereits bestehenden Job in Einklang bringen müssen. Diese Schwäche zwingt sie, einen Projektmanager und Mitarbeiter einzustellen, oder sie müssen eine Partnerschaft mit jemandem eingehen, der einen weniger vollen Terminplan hat. Normalerweise sind die Vernünftigen gut im Business-Management, aber es fehlt ihnen die Fähigkeit, die entwickelte Strategie auszuführen.

Die letzte Gruppe sind die bereits bestehenden *Marken*. Sie suchen die Nähe zu den Kunden, stärken ihre Position in den Köpfen der Verbraucher und verkaufen letztendlich mehr. Für sie bietet Street Food ein anderes Paradigma als das, woran sie normalerweise gebunden sind, und neue Möglichkeiten, um ihr Image zu verbreiten. Ihre Beweggründe kommen eindeutig aus zwei Kategorien: Markenaufbau und Business Intelligence. Auf der Straße Waren anzubieten ist in Mode und macht Spaß. Angesichts der relativen Neuheit der Street-Food-Branche fällt der Truck schnell auf. Marken möchten Vorteile aus diesem Trend ziehen und entwickeln Marketingkampagnen, die tatsächlich das Interesse der Menschen wecken und festhalten können. Mit einer deutlich geringeren finanziellen Investition als eine traditionelle Werbekampagne stellt Street Food effektivere Werkzeuge für ein bleibendes positives Bild bei den Kunden bereit. Neben der Markenentwicklung ermöglicht Street Food auch die Nähe zum Käufer und gibt der Business Intelligence des Unternehmens die Möglichkeit, die Reaktionen auf neue Produkte direkt zu sehen. Mit der Präsenz auf der Straße können sie eine Vielzahl von Informationen über Kunden sammeln, die offenbar bereit sind, für diese Markenprodukte zu bezahlen. Das impulsive Kaufen, das Street Food beim Kunden auslöst, lässt die Einnahmen in die Höhe schnellen. Dieses letzte Thema ist sehr wichtig. Es wird entscheidend sein, dass die Marketingmanager der Marken, die anfangen auf die Straße zu gehen, erkennen, dass Street Food ein Geschäft ist und dass es Umsätze und finanzielle Nachhaltigkeit mit sich bringt.

Die übermäßige Verwendung von Food Trucks als Plattform für kurzfristige Probeaktivitäten von diversen Marken gibt Verbrauchern aber ein falsches Bild der Branche und trägt zur Undurchführbarkeit von gewissen Projekten bei. Obwohl sie ein großes Interesse daran haben, verstehen noch nicht alle Marken, wie man am besten auf der Straße auftritt. Dies geschieht, weil Unternehmen, die diese Idee übernehmen möchten, Teams ohne Street-Food-Erfahrung damit beauftragt haben. Normalerweise werden diese Teams für Dinge wie den Innenverkauf oder die Verteilung von Geschenken auf Festivals eingesetzt. Auf der Straße zu sein ist etwas vollkommen anderes. Es ist eine Möglichkeit, mit dem Verbraucher zu kommunizieren, wenn er vollkommen ansprechbar ist, und ihm eine unverwechselbare Erfahrung zu bieten. Der Straßenkunde gibt sich nicht mit arrogantem oder schlechtem Service zufrieden. Früher oder später werden die großen Marken beginnen, das Management ihrer Tätigkeiten an bereits am Markt eingeführte Unternehmer zu übertragen, und so mit bereits vorhandener Kapazität den maximalen Nutzen aus diesem Segment ausschöpfen. Oder sie suchen zumindest Rat bei ihnen. Das ist eine zukünftige Geschäftschance.

Marken mit Erfolgsstorys, die in der Lage waren, die Branche zu verstehen und zu nutzen, sind *A Brasileira* und *Panidor*. Ihre Street-Food-Tätigkeiten wurden so strukturiert, dass sie mehr Nutzen für ihre Unternehmen bringen. João Silva forderte einen langjährigen Freund zu einem Projekt auf, das mit dem Erwerb einer an Street Coffee angepassten Piaggio gipfelte. Trotz der eigentlichen Zugehörigkeit zu einer anderen Firma wurde *A Brasileira Piaggio* entworfen. Der Truck sollte alle charakteristischen Merkmale der bereits bestehenden Marke bewahren. Das Projekt wurde von Anfang an als eine Marketinginitiative entwickelt, ausgerichtet auf die Vermarktung des gleichnamigen Kaffees, der auch im stationären Geschäft erhältlich ist. Laut João Silva ist die Idee, «das Produkt in neue Teile des Landes zu bringen, ohne die Markenidentität zu verlieren». Er hat sich also als Ziel gesetzt, auf den verschiedenen Street-Food-Festivals zu sein, die über das ganze Land verteilt sind, und er erwägt, den Betrieb durch neue Verkaufseinheiten zu erweitern.

Auf der anderen Seite ist *Panidor*, ein Unternehmen, dessen Geschäft eigentlich die Herstellung und der Vertrieb von Tiefkühlbackwaren ist. Die Firmenchefs sehen im Street Food eine Gelegenheit zur Stärkung ihrer Position in der Wertschöpfungskette. «Das Straßenessen ist einer der wichtigsten Trends auf dem Lebensmittelmarkt und *Panidor* möchte an der Spitze sein, weil wir schon immer sehr innovativ waren», sagte mir Miriam Gomes, die Marketingleiterin, in einem unserer Gespräche. Trotz einer gefestigten Position im portugiesischen Handel ist die Marke *Panidor* den meisten Endverbrauchern unbekannt. Das ist eine Situation, die sich mit dem Fokus auf Street Food ändern soll, hofft Miriam. «Dieser Ansatz erlaubt uns, denen näher zu sein, die unsere Produkte tatsächlich konsumieren, und er bringt sicher eine neue Perspektive für unser Unternehmen». Die Eröffnung des Food Trucks wird mit strategischen Operationen des Unternehmens verbunden, die ihm eine detaillierte Untersuchung der verschiedenen Businessvariablen bieten. Durch Street Food hat *Panidor* die Möglichkeit, seine Marke hervorzubringen, sie können eine genauere Erkennung der Bedürfnisse und des Feedbacks der Kunden machen und eine neue Geschäftseinheit erstellen, die eine zusätzliche Einkommensquelle darstellt.

«Die Zukunft von Street Food sind die großen Brands, die auf der Straße sein möchten.»

Luís Rato
Gründer von *Kiosque Street Food*

José Borralho, der Vizepräsident der *Associação de Street Food Portugal*, fasst die Profile von erfolgreichen Street-Food-Investoren so zusammen, dass sie alle eine Leidenschaft für das Essen haben. Er möchte die Erkenntnis weitergeben, dass es sich hierbei um eine Branche handelt, die eine tragfähige Investitionslösung bietet. Tim Vieira bemerkt, dass vor allem junge Menschen in die Branche einsteigen, da sie einen starken Glauben an den Wert und die Qualität der angebotenen Produkte mitbringen. Der *Shark-Tank*-Investor konzentriert sich vor allem auf diejenigen Unternehmer, die große Küchenkenntnisse haben sowie die Fähigkeit, unerwartete Probleme zu lösen, und die Bereitschaft zu arbeiten.

Grundlegende Gedanken zur Erinnerung

- «Gourmet» bedeutet Qualität und damit die Möglichkeit, höhere Preise zu verrechnen. Es ist dieses Segment, in das Sie sich platzieren möchten.
- Street Food ist ein aufstrebender Markt, kein gesättigter Markt. Die rasante Entwicklung der Branche und die große Anzahl der neuen Spieler, die jeden Tag auftauchen, schaffen neue Möglichkeiten zum Wachstum. Hören Sie auf, den Erfolg anderer als ein Problem für Sie zu sehen.
- Denken Sie daran, Street Food ist eine sehr junge Branche, immer noch in der Anreizphase für die Neugierigen, die versuchen, unter allen Umständen an der Spitze zu sein. Das fehlende Durchhaltevermögen dieser Unternehmer wird das Scheitern ihrer Projekte in der nahen Zukunft bestimmen.
- Die Neugierigen, die Enthusiasten, die Vernünftigen und die Marken sind die Schlüsselprofile in der Branche. Welches passt zu Ihnen?
- Das fehlende Bemühen der Marken, ihre Food Trucks angemessen zu bewirtschaften, kann eine Geschäftsmöglichkeit für die besten Street-Food-Unternehmer werden.

VESPA . GOURMET
STREET FOOD COUTURE
VESPA . GOURMET
LISBON'S
STREET FOOD COUTURE
VESPA . GOURMET
LISBON'S
STREET FOOD COUTURE

EIN TAG AUF DER STRASSE

«Street Food ist ein hartes Geschäft, man kann nicht einfach einen Piaggio kaufen und loslegen.»

Tim Vieira
Investor bei *Shark Tank Portugal*

Die Menschen sind Street Food. Alle Unternehmer und Investoren, mit denen ich das Vergnügen hatte, während der Recherche für dieses Buch zu sprechen, haben diese Idee hervorgehoben. Deshalb blieb mir nichts anderes übrig, als das ganze erste Kapitel dem Selbstanalyseprozess zu widmen, den jeder vor der endgültigen Entscheidung durchgehen sollte. Vergessen Sie die luxuriöse Umgebung, die teuren Möbel, die Armee der Mitarbeiter und jede andere Vorrichtung der traditionellen Restaurants; der Erfolg Ihres Food Trucks hängt von Ihnen ab und von der Energie, die Sie in das Geschäft hineinstecken.

Es war nicht ich, der das ursprünglich sagte, sondern Tim Vieira, «Hai» in der TV-Show *Shark Tank Portugal* und der größte Investor auf dem portugiesischen Street-Food-Markt. Er gestand mir, dass er ein Teil der Branche sein will, weil er erkannt hatte, dass sie von Menschen mit viel Leidenschaft gemacht wird, die der Welt zeigen möchten, was sie am besten können. «Wenn es Ihre Leidenschaft ist, Burritos zu machen, werden Sie großartige Burritos machen; wenn Sie gerne Sushi machen, werden Sie ausgezeichnetes Sushi machen.» Tim Vieira behauptet, er habe noch nie bei einem Food Truck gegessen, der nicht etwas Besonderes hatte oder der ihn gelangweilt hätte.

Diese Energie, von der der Investor spricht, ist charakteristisch. Sie gibt jedem Projekt eine lebendige und andersartige Persönlichkeit, und das macht Street Food zu einer so spannenden Branche. Wenn Sie auf der Straße sind, werden Sie nur von sich selbst und Ihren eigenen Fähigkeiten abhängig sein; es wird keine Mauer geben, hinter der Sie Ihre Unsicherheit vor Ihren Kunden verstecken können. Sie werden sie bedienen müssen, die gewählte Mahlzeit zubereiten, auf den Teller bringen und abkassieren. Gleichzeitig werden Sie ihnen die Geschichte erzählen, wie die Idee ein Restaurant auf einem Fahrzeug einzurichten entstanden ist, und im Kopf müssen Sie überschlagen, ob genug Ware im Lager ist, um die lange Warteschlange zu bedienen. In Wahrheit ist die Verwaltung eines Street-Food-Betriebs vermutlich der schwierigste Job, den Sie je haben werden.

Sind Sie schon neugierig, wie Ihr Alltag als Food-Truck-Betreiber aussehen wird? Zunächst sollten Sie sich bewusst sein, dass Ihre Routine davon abhängen wird, wie Sie Ihr Unternehmen aufbauen. Aus diesem Grund sollten Sie Ihre Verfügbarkeit vor der Entwicklung des Businessplans und vor der Idealvorstellung des Food-Truck-Publikums berücksichtigen. Eine Street-Food-Routine kann bedeuten, dass Sie vor Sonnenaufgang anfangen zu arbeiten, falls Sie Frühstück servieren möchten. Oder vielleicht müssen Sie häufige Reisen und längere Aufenthalte in anderen Regionen des Landes in Betracht ziehen, wenn Sie Veranstaltungen und Festivals im ganzen Land abdecken möchten.

Wenn Sie ein Familienmitglied haben, das besondere Pflege von Ihnen benötigt, wie etwa kleine Kinder und ältere Menschen, sind das nicht die besten Voraussetzungen für den Geschäftsbetrieb. Eine Lösung kann die

Anpassung der Konsumzeiten sein, die Sie abdecken können. Oder Sie stellen Mitarbeiter ein, die einen Teil des Geschäfts für Sie übernehmen.

Unabhängig von den Öffnungszeiten müssen Sie berücksichtigen, dass der erste Schritt im Alltag eines Food Truck-Betreibers die Beschaffung der notwendigen Zutaten für die Herstellung der angebotenen Speisen ist. Sie können dies direkt bei Lieferanten oder von einem gemieteten Lager in der Nähe Ihres Einsatzortes tun. Das kommt auf die Art der Gerichte, die Sie zubereiten, und das Lebensmittelangebot in Ihrer Umgebung an. Danach müssen Sie den Food Truck mit der richtigen Menge an gekauften Zutaten versorgen. Diese Phase wird eine Menge Ihrer organisatorischen Fähigkeiten erfordern. Sie wollen ja nicht, dass Ihnen der Oregano in der Mitte des Arbeitstages ausgeht.

Der nächste Schritt ist der Transport des Food Trucks zum Einsatzort. Haben Sie ein Lager oder eine Garage in der Nähe des Verkaufsortes? Wie viele Kilometer kann das Fahrzeug ohne Hilfsmittel bewegt werden? Können Sie die Zutaten im Food Truck in ausreichender Menge lagern oder brauchen Sie einen Anhänger? Wie viele Mitglieder hat Ihr Team, und ist ihr Transport auch gewährleistet? Es handelt sich um operative Fragen, die ich später im Buch behandeln werde, aber sie haben einen direkten Einfluss darauf, wie Sie mit Ihrem Geschäftsalltag zurechtkommen. Eine der wichtigsten Anfangsfragen ist: Wie lange brauchen Sie jeden Tag, bis Ihr Food Truck für den Verkauf bereit ist? Sie sollten diese Zeit abschätzen und in Ihren Geschäftsplan aufnehmen.

Mónica Santos, Vertreterin des Food Trucks *Maria Limão*, wies mich sehr direkt auf diese Geschäftsbesonderheit hin. «Die Betriebslogistik ist mit Abstand das Komplexeste. Der Stauraum ist recht klein, wir müssen jeden Tag neu organisieren. Ich denke, eine gute Planung und Organisation sind der Schlüssel zur Lösung dieses Problems. Obwohl die meisten der Arbeiten auf dem Fahrzeug ausgeführt werden können, gibt es eine ganze Menge anderer Aufgaben, die vorher gemacht werden müssen. Meiner Meinung nach können Sie nicht alles im Truck vorbereiten; es ist beispielsweise notwendig, dass manche Speisen im Voraus bereitgestellt werden.»

Auf der einen Seite müssen Sie erkennen, zu welcher Zeit der Verkaufshöhepunkt erreicht werden soll, auf der anderen Seite müssen Sie die zusätzlichen Arbeitsstunden der Mitarbeiter außerhalb des Fahrzeugs miteinberechnen. Sie müssen dazu bereit sein, viele Stunden im Stehen zu verbringen, oft die Sprache zu wechseln und von vielen neugierigen Touristen fotografiert zu werden.

Ich empfehle Ihnen, in den weniger überfüllten Zeiten am Marketing des Unternehmens zu arbeiten. Besorgen Sie sich mobile Geräte, die Ihnen erlauben, die sozialen Netzwerke, Websites und E-Mails zu verwalten, wenn Sie wenig Kundschaft haben, und vergessen Sie nicht, einen guten Internetzugang zu organisieren. Verschieben Sie diese Tätigkeiten nicht auf Tagesende, da das Ende der Öffnungszeiten nicht bedeutet, dass Sie dann nichts mehr zu tun haben. Nach dem Transport des Food Trucks zurück auf den Parkplatz sollten Sie Ihre Aufmerksamkeit auf die Reinigung des Fahrzeuges und die Lagerkontrolle richten. Ich habe bereits darauf hingewiesen, dass die Hygiene im Street-Food-Geschäft von grundlegender Bedeutung ist. Sie ist eine sehr wichtige Basis für das Vertrauen der Verbraucher. Jeden Abend nach dem Tagesgeschäft sollten Sie also eine gründliche Reinigung des Arbeitsplatzes vornehmen und den Zustand aller notwendigen Materialien für einen reibungslosen Ablauf überprüfen. Die Zeit nach dem Verkauf ist auch perfekt für eine Bestandskontrolle, die Ihnen eine klare Übersicht dessen gibt, was Sie im Laufe des Arbeitstages verkauft haben, was in Rechnung gestellt werden muss, was Sie eingenommen haben und was für den nächsten Tag eingekauft werden muss.

Das Führen eines Food Trucks ist keine leichte Aufgabe, aber es kann durch eine geschickte Delegierung von Aufgaben und Standardisierung der wichtigsten Operationen vereinfacht werden. Jedes Projekt wird eine angepasste Routine erfordern, und jeder Unternehmer sollte die Art von Management finden, die zu seinem Jobprofil und seinen gesteckten Zielen passt. Sie müssen immer vor Augen haben, dass Street Food ein extrem fluktuierendes Geschäft ist, und gerade deshalb hilft eine detaillierte Planung, um verschiedene Risiken abzuschwächen.

Grundlegende Gedanken zur Erinnerung

- Street Food wird zuallererst durch die Personen hinter dem Tresen definiert.
- Sie können sich nicht hinter der Künstlichkeit von traditionellen Restaurants abschirmen. Auf der Straße wird es nur Sie und den Kunden geben.
- Ein Street-Food-Geschäft zu haben ist wahrscheinlich die schwierigste Arbeit, die Sie jemals haben werden.
- Entwickeln Sie einen regelmässigen, gut durchdachten Arbeitsablauf, damit nichts schiefgeht, und gehen Sie jeden Tag in einer ruhigen und entspannten Weise an.
- Versuchen Sie nicht, alles selber zu machen, delegieren Sie Tätigkeiten an Ihr Team.

Kapitel 2:

Ihr Geschäftsplan

«Ein guter Geschäftsplan = eine gute Kapitalrendite»

Fernando de Sousa
Tasca Itinerante

KONZEPT

«*Kiosque Street Food* entwickelt Unternehmensideen, unterstützt durch umgebaute Fahrzeuge, und das unterscheidet uns von den anderen. Von Anfang an bin ich mir im Klaren darüber, dass ich meinen Kunden Mut machen muss, indem ich ihnen helfe, erfolgreich zu sein. Es ist eine Einstellung zum Leben: ehrgeizig zu sein, aber nicht gierig.»

Luís Rato
Gründer von *Kiosque Street Food*

Willkommen zum zweiten Teil des Street-Food-Handbuchs für Gründer. In diesem Kapitel werde ich Schritt für Schritt die wichtigsten Aspekte abdecken, die der Geschäftsplan Ihres Food Trucks umfassen muss. Wenn dies Ihre erste Erfahrung in der Geschäftswelt ist und Sie noch nie einen Geschäftsplan machen mussten, ist es wichtig, dass Sie verstehen, dass es Ihrem Projekt nur zugutekommt, einen Teil Ihrer Zeit in seine Erstellung zu investieren. Beachten Sie, dass ich das Wort «Erstellung» anstelle von «Schreiben» verwendet habe – eine bewusste Wahl der Terminologie, damit Sie erkennen, dass ein Geschäftsplan kein Dokument von zweihundert Seiten sein muss. Haben Sie Mut zur Vereinfachung!

Das Muster für einen Geschäftsplans finden Sie auf www.streetfoodbook.com, Passwort ilovestreetfood. Ich schlage eine praktische Vorgehensweise vor. Lesen Sie die folgenden Abschnitte mit einem Stift in der Hand, und schreiben Sie alle Ideen auf, die Ihnen in den Sinn kommen, sowie die wichtigsten Tipps, die für Ihr Projekt Sinn machen. Seien Sie während der Durchführung dieser Übung ehrlich zu sich selbst. Kalkulationstabellen mit Gewinnen, die nicht durch realistische Umsatzprognosen unterstützt werden, dienen nur dazu, Ihre Unternehmensvision falsch darzustellen. Seien Sie sich bewusst, dass der erste von Ihnen aufgestellte Geschäftsplan nur dazu dienen wird, Ideen für das Projekt zu systematisieren, und nicht, um Kreditanträge an Banken oder andere Investoren zu stellen. Ehrlichkeit mit sich selbst bringt Sie am weitesten.

Zu dem Zweck, Kredite zu erhalten, sollten Sie ein formelleres und umfangreicheres Dokument ausarbeiten, aber erst, wenn das Projekt bereits gut definiert ist. Ein guter erster Geschäftsplan hilft Ihnen, sich dem finanziellen Potential Ihres Food Trucks bewusst zu werden. So können Sie den Höchstbetrag festlegen, den Sie investieren, damit der Truck zukunftsfähig und in der Lage ist, Gewinn zu erzielen. Zusätzlich fungiert ein gut ausgereifter Plan als Leitfaden für das Projekt und hilft Ihnen, kein wichtiges Detail aus den Augen zu verlieren.

Es ist wichtig zu betonen, dass ein Geschäftsplan nicht endgültig oder unveränderlich ist. Er sollte ständig überprüft und aktualisiert werden, um das Risiko zu vermeiden, dass Ihr Konzept von der Konkurrenz überholt wird. Aus diesem Grund sollten Sie eine leicht editierbare Version des Plans erstellen, die nur die wichtigsten Elemente enthält.

Erkennen Sie die Geschäftschance

Wie wir bereits in Kapitel 1 gesehen haben, ist das erste Anliegen eines Geschäftsplans für Street Food, die Motivation und das Profil des Unternehmers festzuhalten. Ich weise erneut auf diesen Punkt hin, weil er wichtig zu klären ist, bevor Sie einen Food Truck kaufen. Street Food ist ein Geschäft, das für Leute mit einem geregelten Bürojob auf physischer und psychischer Ebene extrem anspruchsvoll sein kann. Machen Sie eine Selbstanalyse, und stellen Sie sie den Standardprofilen gegenüber, die ich Ihnen im Abschnitt «Ist dieses Geschäft etwas für Sie?» vorgestellt habe. Machen Sie sich klar, ob Sie eine Leidenschaft für gutes Essen mitbringen und ob Sie sich mit Körper und Seele Ihrem eigenen Projekt widmen möchten. Halten Sie sich vor Augen, dass es nicht einfach sein wird, aber berücksichtigen Sie, dass die Belohnung sehr attraktiv sein kann, und bringen Sie den Mut zum Weitermachen auf.

Der nächste Teil eines Geschäftsplans für ein Street-Food-Projekt sollte daraus bestehen, dass Sie die Geschäftsmöglichkeit ermitteln, die Sie erkunden möchten. Es ist wichtig, im Auge zu haben, dass der Verkauf eines Produkts nur dann erfolgen kann, wenn der Kunde die Notwendigkeit verspürt, es zu kaufen. Damit Ihr Projekt erfolgreich sein kann, müssen Sie den Verbrauchern also eine Produktpalette zur Verfügung stellen, die sie erwerben wollen.

Wenn Sie in das Street-Food-Geschäft einsteigen, wissen Sie natürlich von vornherein, dass Sie Lebensmittelbedürfnisse abdecken werden, allerdings sind die Möglichkeiten auch hier zahlreich. Sie müssen in der Lage sein, sich in die Sicht des Verbrauchers zu versetzen, und versuchen, den Bedarf an Lebensmittelkonsum zu verstehen, der von der Konkurrenz nicht abgedeckt wird.

Genau das haben Carlos Relva, Carina Oliveira und Vera Leiria gemacht. Sie sind die Gründer von *Frua*, einem Street-Food-Projekt mit dem Ziel, Obst auf der Straße zu verkaufen. Sie erkannten die Schwierigkeiten, Obst und andere gesunde Produkte auswärts zu essen. Die drei Unternehmerfreunde merkten, dass dies ein echtes Marktbedürfnis war und somit eine

Geschäftsmöglichkeit, die es zu erkunden galt. Sie sahen in einem Food Truck die ideale Option, um dem Problem gerecht zu werden.

Fernanda Faria, Gründerin des Projekts *Nanda Brigadeiros*, beschloss nach einem Spaziergang in der Innenstadt von Lissabon, das Geschäft genau dort aufzubauen, wo sie einen Mangel an qualitätsvollem Nahrungsangebot feststellte.

Auch das Projekt *Wine With a View* hatte einen ähnlichen Ursprung. Vor der Entscheidung, dass sie in Street Food einsteigen würde, hatte Bárbara Vidal bereits das Marktproblem identifiziert, das sie lösen wollte. Ein Artikel in einer internationalen Zeitschrift über den portugiesischen Tourismus ließ Barbara erkennen, dass die gastronomischen Produkte des Landes, unterstützt von außergewöhnlicher Qualität, die Argumente der Tourismusförderung vergrößern können. Sie erkannte dann, dass die größte Chance für sie im Weinsektor lag, und daher entschied sie sich kurzerhand dafür, Wein im Glas auf der Straße anzubieten.

Nicht immer muss die Analyse der vorhandenen Möglichkeiten nach der Entscheidung, ein Geschäft im Street-Food-Bereich zu eröffnen, stattfinden. Wir können etwa angesichts des Wunsches, ein Geschäft zu starten, eine Marktstudie machen, um neue Chancen und Herausforderungen zu ermitteln. Es ist jedoch von Bedeutung, dass die Lösung mit den Eigenschaften, dem Wissen und der Leidenschaft, die Sie mitbringen, abgestimmt wird.

Dies war der Fall bei Paulo Sousa Marques, der sich im Hinblick auf eine drohende Arbeitslosigkeit entschied, die Entwicklung eines Street-Food-Geschäfts auf der Insel Madeira ins Leben zu rufen. In den Straßen von Funchal gibt es kaum Street Food. Paulo Marques gründete *Madwrap* mit dem Ziel, schmackhafte Wraps von guter Qualität als Ergänzung zum touristischen Angebot der Region anzubieten. Damit weckte er das Interesse des Instituto de Emprego (Bundesanstalt für Arbeit) in Madeira, die einen Teil des Projekts finanziell unterstützte.

Das Konzept

Nachdem Sie in einem ersten Schritt geklärt haben, was Ihre Geschäftsidee ist, sollten Sie nach einem Weg suchen, diese durch ein Geschäftskonzept in eine rentable Wirtschaftstätigkeit auszubauen. Jede unvorhergesehene Gelegenheit kann Nutzen aus diesem Geschäftskonzept ziehen. Sie können Ihres finden, indem Sie sich auf die folgende Frage eine Antwort geben: «Was werde ich tun, um meine Marktchancen zu finden?» Sie können ein neues Produkt ins Leben rufen oder ein bereits bestehendes verbessern, Sie können einen neuen Service für den Kunden in Betrieb nehmen oder nur die Kundenerfahrung eines anderen verbessern, und mit Street Food können Sie einen Vertriebsstandort finden, der den Bedürfnissen Ihrer Zielgruppe am besten dient.

Es gibt viele Möglichkeiten, aber Sie müssen die Auswahl an Ihre Fähigkeiten anpassen. Welches technische Können oder Wissen haben Sie, um einen Wettbewerbsvorteil zu gewährleisten? Ihr Geschäftskonzept muss sich von der Konkurrenz unterscheiden und vom Kunden geschätzt werden. Was für einen Sinn ergibt es, ein fantastisches Konzept für ein Projekt zu entwickeln, das es bereits zigmal gibt? Sie haben einen erheblichen Teil der Finanzen in die Erschaffung eines großartigen Produkts gesteckt, das niemand kaufen möchte, weil zu große Konkurrenz vorhanden ist.

Das gilt auch dann, wenn die Nachfrage der Verbraucher da ist, aber das von uns entwickelte Konzept nicht geeignet, diese Nachfrage zu erfüllen. Ein gutes Produkt ist keine Garantie für den Erfolg; es gibt andere Faktoren, die zur Lebensfähigkeit eines Geschäftsprojekts beitragen. Dafür gibt es den Marketing-Mix, der sich aus dem Produkt, dem Preis, der Werbung/Kommunikation und dem Vertrieb/Verkaufsort zusammensetzt.

Dies wird ausführlicher im Kapitel «Marketing für Street Food» behandelt. Bis hierher müssen Sie aber erkennen, dass der Erfolg Ihres Food Trucks von mehreren Faktoren abhängt, die als Ganzes das Geschäftskonzept bilden. Damit nichts dem Zufall überlassen wird, ist es wichtig, dass Sie aufmerksam den Markt beobachten und Ihren Geschäftsplan schriftlich festhalten.

Was ist ein gutes Geschäftskonzept?

Was sind dann also die Kriterien, die ein gutes Geschäftskonzept definieren? Im Wesentlichen sind es fünf Faktoren, die in diesem Zusammenhang berücksichtigt werden müssen: Machbarkeit, Beständigkeit, Nachhaltigkeit, Einzigartigkeit und Universalität.

Machbarkeit

Am wichtigsten davon ist natürlich die Machbarkeit. Ein Unternehmen zu starten ist nur dann realistisch, wenn es mit dem Ihnen zur Verfügung stehenden Wissen und Ihren Ressourcen durchführbar ist. Alles andere ist bedeutungslos, wenn Sie die notwendigen Mittel zur Durchführung des Geschäfts nicht haben. Es wäre vielleicht für Sie fantastisch, ein Raumfahrtunternehmen zu starten, aber leider haben Sie weder das notwendige Fachwissen noch das finanzielle Kapital, um es zu erwerben. Denken Sie an das Geschäftskonzept, welches Sie für Ihr Street-Food-Projekt haben wollen und beurteilen Sie seine Machbarkeit. Wahrscheinlich wird etwa die Idee, zehn Food Trucks in verschiedenen Teilen des Landes aufzustellen, für einen einzelnen Unternehmer, der seine ersten Schritte macht, nicht durchführbar sein.

Beständigkeit

Der zweite Faktor, der die Qualität des Geschäftskonzepts bestimmen wird, ist die Beständigkeit. Auch hier ist es nicht genug, ein ausgezeichnetes Produkt, einen Food Truck mit einem fantastischen Design und eine Verkaufsstelle im Touristenzentrum der Stadt zu haben; es ist notwendig, dass all diese Qualitäten beständig sind. Das Produkt muss *immer* hervorragend schmecken, der Truck *immer* ein augenfälliges Design haben und die Verkaufsstelle *immer* an einem belebten Ort mit vielen Käufern sein.

Ist das Marketing mit den Produkteigenschaften abgeglichen? Wurde das Verkaufsargument bezüglich der Zielgruppe ausgerichtet? Ist die von Ihnen ausgewählte Art von Truck die richtige für Ihr Unternehmen? Denken Sie an die verschiedenen Variablen des Marketing-Mix, die ich Ihnen bereits vorgestellt habe, und vergessen Sie nicht, dass sie alle langfristig Bestand haben müssen.

Im Street-Food-Geschäft, das weitgehend von dem hoffentlich positiven Erlebnis des Kunden abhängt, müssen Sie auch eine feste Struktur im zur Verfügung gestellten Service festlegen und berücksichtigen. Das Schlimmste, was dem Unternehmen passieren kann, ist dem Kunden den Eindruck zu geben, dass der Service von der Gemütsverfassung des Menschen hinter der Theke abhängt. Wenn Sie allen Mitarbeitenden nahelegen, mit dem Kunden zu interagieren und ihn beispielsweise in den Prozess der Zubereitung der Speisen mit einzubeziehen, sollten Sie diese Betreuung konsequent beibehalten. Vielleicht hat dem Kunden genau dies gefallen, und er kommt wieder, um dasselbe zu erleben. Wenn er dann plötzlich nicht mehr gefragt wird, wie er sein Essen haben möchte, ist die Enttäuschung vorprogrammiert.

Nachhaltigkeit

Seien wir ehrlich: Sie beabsichtigen ein Geschäft zu eröffnen, weil Sie Geld verdienen wollen. Ein Unternehmen bedeutet definitionsgemäß, nachhaltig zu arbeiten. Es soll seine eigenen Unkosten ausgleichen und eine Art von Mehrwert produzieren. Das heißt, das Geschäftskonzept ist nur gut, wenn Sie eine Art von Profit erwirtschaften können. Sie sollten dies voraussetzen, wenn Sie die Finanzprognosen in der Planungsphase machen. Dies ist der wichtigste Faktor für die Zukunft des Unternehmens, aber vielleicht der am wenigsten besorgniserregende für ein Street-Food-Projekt. Dies ist einer der großen Vorteile dieser Branche: Wenn Ihr Food Truck nicht die notwendigen Einnahmen erzeugt, ändern Sie relativ unkompliziert die Produkte, die Preise, die Aufmachung oder einfach den Aufstellungsort.

Einzigartigkeit

Dieser Faktor spricht für sich selbst. Es ist wichtig sicherzustellen, dass Ihre Idee einzigartig und begehrenswert ist. Kopieren Sie niemanden und seien

Sie vorsichtig mit Angleichungen. Je origineller und einzigartiger der Food Truck ist, umso mehr Interesse und Neugier wird er wecken. Vermeiden Sie also Dinge wie Hot Dogs oder Hamburger. Der Markt ist mit diesen Produkten bereits gesättigt. Machen Sie eine Marktstudie, besuchen Sie Street-Food-Veranstaltungen, unterhalten Sie sich mit anderen Unternehmern, mit Kunden, und kosten Sie vom bestehenden Angebot.

Vernachlässigen Sie diesen Teil nicht, wenn Sie die Zukunft des Projekts sichern möchten. Denn wenn Sie ein Konzept präsentieren, das nur ein Abziehbild bereits bestehender Food Trucks ist, wird der Verbraucher weder spezielles Interesse an Ihnen haben, noch einen Grund, Ihr Produkt überhaupt zu probieren. Vielleicht bleibt er lieber beim Bewährten.

Allerdings besteht auch keine Notwendigkeit, das Rad neu zu erfinden. Der Food Truck *Piadina's, Wine & Co.* zum Beispiel setzt auf eine Hervorhebung gegenüber der Konkurrenz durch die Verbesserung der Zutaten bei der Herstellung von Piadine, einer italienischen Spezialität. Er hat also durch die gute Qualität einen Wettbewerbsvorteil im Vergleich zum restlichen Angebot desselben Produktes geschaffen und muss diesen Vorteil jetzt garantieren. Vergessen Sie auch nicht, dass die Einzigartigkeit des Projekts durch eine Verbesserung anderer Faktoren entstehen kann, wie beispielsweise der Verkauf an einem neuen Ort oder ein verbesserter Service und verbesserte und damit schnellere Produktionstechniken.

Universalität

Am Schluss taucht die Universalität auf, die den Umfang des Geschäfts bestimmen wird. Wer ist die Zielgruppe? Welche Konsummomente oder Bedürfnisse werden abgedeckt? Werden Sie ein Nischengeschäft oder ein Massenprodukt haben? Manchmal besteht der Irrglaube, dass es vorzuziehen ist, ein Massengeschäft anstatt einer Nische zu haben, oder umgekehrt. Das sind aber nur verschiedene Varianten einer Geschäftsmöglichkeit, und beide haben ihre Vor- und Nachteile.

Ein Massengeschäft gibt Ihnen mehr Spielraum in Bezug auf die Anzahl der zur Verfügung stehenden Kunden, aber es gibt Ihnen große Herausforderungen wie etwa viel Konkurrenz und daraus entstehende Marketingschwierigkeiten. So besteht eher die Notwendigkeit, mehr in Werbung und Verkaufsförderung zu investieren, um beachtet zu werden. Auf der anderen Seite erleichtert ein Nischengeschäft den Zugang zu einer bestimmten Anzahl von Kunden, die wirklich an Ihrem Angebot interessiert sind, weil es das sonst nirgends gibt. Aber ist der kleinere Markt innerhalb des Nischensegments genug, um Ihre Schlussrechnung zu begleichen?

Ein Straßengeschäft

Bárbara Vidal, Gründerin der Marke *Wine With a View*, sagt, dass das Geheimnis eines guten Street-Food-Konzepts in Einfachheit und Qualität liegt. Gemeinsam ermöglichen diese beiden Faktoren, das Unternehmen nachhaltig und damit zukunftsfähig zu machen.

Versuchen Sie, sich in die Lage des Verbrauchers zu versetzen, und denken Sie über die Motivation nach, die Sie haben würden, einen Food Truck zu besuchen. Sicherlich werden Dinge wie die Qualität der angebotenen Produkte, die schnelle Verfügbarkeit des Essens und die nahe Lage der ausschlaggebende Faktor sein, warum Sie einen Truck einem traditionellen Restaurant vorziehen.

Tim Vieira teilt diese Meinung: «Street Food ist ein anderes und spannendes Konzept, weil Sie in kurzer Zeit eine Menge Energie in das Geschäft stecken können.» Investoren glauben, dass sich die Qualität von Street Food in einem schnell ansteigenden Kurs befindet, weil die Leidenschaft der Unternehmer für ihre Projekte sehr groß ist. Ihre Motivation, in das Geschäft einzusteigen, ist der Wunsch, etwas Neues anzubieten und dies gut zu tun.

«Street Food braucht Menschen, die innovationsfreudig sind.»

Tim Vieira
Investor bei *Shark Tank Portugal*

Es ist wichtig zu berücksichtigen, dass Sie in einen Markt eintreten, der sich in einem Rausch befindet. Jeden Tag werden mehr und mehr Street-Food-Konzepte ins Leben gerufen und auf die Straßen der Städte gebracht. Inmitten dieser Turbulenzen befinden sich auch einige der großen Lebensmittelmarken, die mit dem Start ihrer eigenen Food Trucks Nutzen aus Ihrer Markenbekanntheit ziehen.

Sie sollten sich folgendes überlegen: Wird mein Geschäftskonzept auf einer Street-Food-Veranstaltung mit Dutzenden anderer Food Trucks herausragen? Überlegen Sie sich also ein innovatives, anderes und einzigartiges Konzept. Vereinfachen Sie es so gut wie möglich, so dass Sie das Beste aus den höchstens fünf Quadratmetern Platz im Food Truck herausholen können, und Sie werden bereit sein, mit den größten Marken zu konkurrieren.

Auf den Straßen sind alle Marken auf dem gleichen Level, meint Luís Rato; mit anderen Worten, sie alle starten an der gleichen Stelle. Auf der Straße wählt jeder seinen eigenen Standort, und Sie haben kaum die Möglichkeit, den Kunden mit teuren Marketingstrategien zu kontrollieren. Street Food fördert eine noch nie dagewesene Nähe zum Kunden und bietet die Möglichkeit, Dinge schnell zu ändern, falls sie sich als nicht zielführend erweisen. Die Wettbewerbsvorteile Ihres Unternehmens werden durch das Geschäftskonzept bestimmt und durch die Leistung, die der Unternehmensgründer den Kunden in Form von Kundenerfahrung zu bieten vermag. Große Marken bringen Vorteile mit, wie den bereits erlangten Bekanntheitsgrad und eine größere Finanzkraft, um zu investieren, aber das wird nicht ausreichen, um den Erfolg ihrer Projekte zu gewährleisten, wenn alles andere nicht gut durchdacht ist.

Street Food ist eine neue Industrie, ein Markt in Entwicklung, der noch lange keine Übersättigung erreicht hat, und als solches seine eigene Betriebslogik und Bedürfnisse hat, die bisher noch nicht erforscht worden sind. Um Erfolg mit einem Food Truck zu haben, ist es unerlässlich, eine gute Beobachtungsgabe und eine schnelle Anpassungsfähigkeit zu haben. Die großen Marken haben die Möglichkeit, für ihre Projekte eine Reihe von Business-Intelligence-Tools zu nutzen, sind aber mit der Steifheit und Bürokratie konfrontiert, die großen Unternehmensstrukturen anhaften. Der beste Weg, um diese Schwierigkeiten zu überwinden, ist die Ernennung eines Projektmanagers, der bereits Erfahrung mit Street Food hat, der eine gewisse Entscheidungsgewalt hat und den täglichen Betrieb gestaltet.

Die Planung eines erfolgreichen Unternehmens

Die traditionelle Business-Mentalität sagt uns, dass die Lage das wichtigste Element eines Unternehmens ist und einer der ersten zu überdenkenden Schritte, wenn ein neues Projekt geplant wird. Seit einiger Zeit änderte die rasche Weiterentwicklung der Kommunikationstechnologien und die zunehmende Leichtigkeit des Zugangs zu mobilen Computergeräten die Art und Weise, wie sich die Unternehmen den Verbrauchern gegenüber positionieren und wie sie die interne Zusammenarbeit der Mitarbeiter organisieren. Telefonkonferenzen, virtuelle Büros, Coworking und Gründerzentren sind die neuen Trends in der Organisation von Unternehmen. All das erlaubt ihnen, auf einen starren geografischen Ort als Arbeitsplatz zu verzichten. Alles, was ein Unternehmer derzeit braucht, um ein Start-up zu verwalten und die täglichen Aktivitäten hervorzubringen, ist ein Laptop mit Internetzugang. Es ist immer weniger von Bedeutung, ob er seine Arbeit von zu Hause, vom Büro, einem gemeinsamen Raum oder von der Strandbar aus erledigt.

Bis vor kurzem ist dieser neue Trend der Arbeitsmethoden an der Gastronomie vorbeigegangen, da diese immer noch an der geografischen Lage festklemmt, die für die Geschäftseröffnung ausgewählt wurde. Normalerweise begann die Eröffnung eines Restaurants mit der Auswahl des physischen

Raums, auf welchem anschließend gearbeitet wurde. Der Raum musste in einem zeitaufwendigen und kostspieligen Prozess angemessen ausgestattet und lizenziert werden. Schließlich blieb nur zu hoffen, dass die Standortwahl richtig war und man nicht lange auf die Kunden warten musste.

Dieser Modus operandi trug dazu bei, dass viele Menschen nie Gastronomieunternehmer geworden sind, obwohl es ursprünglich ihr Wunsch war. Marcelo Fontes Martins, Gründer von *100 % Saboroso*, war kurz davor, seinen Traum, seine Kochkünste mit der Welt zu teilen, aufzugeben, und das genau wegen der vielen Barrieren, die die geografische Steifheit einer Restauranteröffnung bot. «Die Küche ist ein kreativer Arbeitsplatz und die Verpflichtungen von Zeitplänen und die Logistik eines traditionellen Restaurants passen nicht dazu.»

Die Lösung kam mit Street Food. Marcelo und unzählige andere mit ähnlichen Vorstellungen haben im Straßenessen eine Geschäftsmöglichkeit gesehen, die nur ein Viertel der ursprünglich berechneten Investition erfordert und ihnen die Flexibilität bietet, jeden Tag die beste Lage auszuwählen. Mit dem Aufkommen der Food Trucks wurde die Gastronomie auch eine mobile Industrie, die eine günstigere Kostenstruktur erlaubte und eine größere Freiheit in den Arbeitszeiten und individuellen Rhythmen. Mit diesem neuen Paradigma können Unternehmer das Projekt entsprechend ihren eigenen Vorlieben anpassen. Was früher ein Handicap in der Gastronomie war, ist zu einem Vorzug geworden, den Unternehmer (für sich) nutzen können.

Daher muss ein guter Geschäftsplan diese neue Arbeitsweise berücksichtigen und die Möglichkeiten und Schwierigkeiten in Erwägung ziehen, die sie mit sich bringt. Es ist dabei äußerst wichtig, Street Food als neue Branche mit eigenen Regeln und Funktionsweisen zu sehen. Mário Henriques, Inhaber des Food Trucks *Vespa Gourmet*, rät, nach der Selbstanalyse der Unternehmerprofile das Geschäft persönlich unter die Lupe zu nehmen, um die beste Art und Weise herauszufinden, mit den Besonderheiten von Street Food umzugehen. «Wir müssen das Geschäft studieren und verstehen, wo die besten

Standorte für jedes Projekt sind, verstehen, wann die Öffnungszeiten sind, und letztendlich erkennen, ob das Geschäft tragfähig ist.»

Es wird im Street-Food-Geschäft Tage geben, an denen es sich nicht lohnt, die Türen überhaupt zu öffnen, und diese Option sollte bei der Planung des Betriebs bewusst getroffen werden. Nach Abwägen der täglichen Kosten des Food Trucks und der voraussichtlichen Einnahmen für einen bestimmten Tag kann es vorkommen, dass eine Inbetriebnahme nicht rentabel ist, z. B. bei Regenwetter. Nur Street Food erlaubt diese Art der täglichen Unternehmensführung. Es bietet eine größere Flexibilität, um den Gewinn zu optimieren. Dies ist eine Besonderheit der Branche, die berücksichtigt und genutzt werden sollte.

Es ist auch wichtig zu erkennen, dass ein Food Truck nicht viel Platz für die Produktlagerung mitbringt und daher eine tägliche Verwaltung des Lagers und ständige Wartung und Hygiene benötigt. Street Food funktioniert nicht wie traditionelle Restaurants, wo das Geschäft manchmal vielleicht nur mit einem Minimum an Aufwand in Betrieb gehen kann. Jeden Tag werden Sie Nachschub besorgen müssen, das Fahrzeug zu seinem Parkplatz bringen und es dort gründlich reinigen müssen. Wir werden diese Aspekte später genauer behandeln.

Saisonabhängigkeit

In allen Interviews, die ich für dieses Buch durchgeführt habe, lag mein besonderes Interesse darin zu verstehen, was die wichtigsten Ängste sind, die ein Street-Food-Projekt in seinen angehenden Unternehmern wecken kann. Zusätzlich zu den bereits angeführten und unbegründeten Bedenken in Bezug auf die angebliche Marktsättigung gibt es die Angst vor der Saisonabhängigkeit, der vermutlich jedes Straßengeschäft unterliegt. Bei diesem Gesprächsthema waren die Antworten der Interviewpartner in der Regel vorsichtig und ausweichend. Dies geschah, weil ein großer Teil der wichtigsten Food Trucks zum Zeitpunkt der Veröffentlichung dieses Buches noch nicht im Winter betrieben wurden. Die Leute konnten also keine verbindlichen Aussagen machen. Angesichts des Unbekannten war ihre Einstellung vorsichtig, und sie konzentrierten sich auf das Finanzergebnis der wärmeren Monate.

Es ist unbestreitbar, dass Kälte und Regen nicht die idealen Bedingungen sind, weder für diejenigen, die den Food Truck betreiben, noch für die Kunden, die den weniger angenehmen Bedingungen ausgeliefert sind. Jedes Straßengeschäft wird voraussichtlich bei warmem und sonnigem Wetter ein lukrativeres Umfeld finden.

Allerdings ist diese Saisonabhängigkeit nicht mit den Schwierigkeiten zu verwechseln, die ungünstige Wetterbedingungen dem Geschäft zufügen können. Dies sind andere Probleme, die andere Lösungen haben. Definitionsgemäß bezeichnet Saisonabhängigkeit ein Ereignis, das immer zu einer bestimmten Zeit des Jahres auftritt, wie die Obsternte, der Verkauf von Ostereiern oder die Herstellung des Dreikönigskuchens. Saisonabhängigkeit bedeutet das ausschließliche Vorkommen eines vorgegebenen Phänomens zu einer bestimmten Zeit des Jahres. Doch dies geschieht nicht mit Street Food. Während des Winters hören die Geschäfte auf der Straße nicht auf, wie wir an den Verkäufern von gerösteten Kastanien oder verschiedenen Straßenmusikanten sehen. Auch die herkömmlichen Läden, die einen direkten Zugang auf die Straßen haben, schließen nicht. Die ungünstigen Wetterbedingungen erfordern Lösungen, die den Kunden etwas Komfort zugestehen, wie etwa Markisen oder überdachte Verkaufsstellen, sind aber nicht Grund genug, die Saisonabhängigkeit der Branche zu verkünden.

Offensichtlich sind die Einrichtungen, die in den kalten Monaten existieren, nicht die gleichen wie in den heißen Monaten. Es gibt weniger Laufkundschaft, die Menschen gehen schneller und mit einem Wunsch nach einem geschützten Ort, und die Hygienebedingungen des Fahrzeugs können durch Regen oder schlammige Böden beeinträchtigt werden. All dies sind Herausforderungen, die überwunden werden können und keine Hindernisse für das Funktionieren der Food Trucks sind.

Auch Luís Rato sagt, dass Street Food kein Saisongeschäft ist: «Ob Winter oder Sommer, die Menschen sind gezwungen, auf die Straße zu gehen und sich täglich draußen zu bewegen. Ein Teil des Problems ist, dass es im Winter kein passendes Angebot gibt.» Das Vorhandensein von Kälte bringt aber neue Geschäftsmöglichkeiten. Warme und einladende Produkte, die auf dem Weg konsumiert werden können, sind eine willkommene Alternative zu überfüllten Bäckereien.

Aber wenn das ausnahmsweise besonders schlechte Wetter einen Mangel an Kunden vermuten lässt, können Sie einfach entscheiden, die Türen des Food Trucks nicht zu öffnen – weil Sie keine Verpflichtung haben, ihn in Betrieb zu nehmen. Laut Investor Tim Vieira werden solche Tage der Garant sein, dass die Branche weiterhin zwischen 20 und 30% wachsen wird, weil sie Unternehmern mehr Zeit für eine Planung des Veranstaltungs- und Festivalkalenders ermöglicht – Gelegenheiten, bei denen sich der Gewinn von Food Trucks normalerweise mehr als verdoppelt.

Darüber hinaus gibt es andere Möglichkeiten, mit den vom Klima auferlegten Schwierigkeiten umzugehen. José Borralho, Vizepräsident der *Associação de Street Food Portugal*, weist auf die gemeinsame Nutzung von sonst ungenutzten Gewerbeflächen als eine Option für Food Trucks hin. Durch Veranstaltungen in geschlossenen Räumen wie Sälen, Museen und Einkaufszentren oder auf Freiflächen wie Gärten, historischen Straßen oder Parks mit ansonsten wenig Besuchern bringt die Bereitstellung von Food Trucks fast schon zwangsläufig einen größeren Zustrom von Menschen. «Stellen Sie ein halbes Dutzend Food Trucks in die *rua direita* in Vila Real, eine Gewerbefläche mit wenig Zustrom; das würde den Verkehr auf dieser Straße erhöhen und das Einkommen der bereits bestehenden Geschäfte erhöhen. Es ist eine Form von Entertainment.» Veranstaltungen dieser Art, oft unterstützt von Stadtverwaltungen und Gemeindevorständen, werden Infrastrukturen haben, die es Ihnen ermöglichen, sogar an Regentagen erfolgreich in Betrieb zu gehen. International hat diese

Art von Mini-Veranstaltung leerstehende Stadtflächen belebt und neue Umsatzpotentiale für die Veranstalter dieser Projekte eröffnet.

> «By reclaiming and re-invigorating under-utilised public space, street food has helped with the urban regeneration of deprived areas»
>
> *Nationwide Caterers Association, USA*

Es kann sein, dass die Abnahme des potentiellen Kundenstroms das Einkommen des Food Trucks im Winter reduzieren wird, aber es wird auch andere Geschäftsmöglichkeiten und verschiedene Strategien geben, um einem Verlustgeschäft entgegenzuwirken. Der beste Weg, um mit Ihrem Geschäft Erfolg zu haben, ist durch Partnerschaften mit anderen Food Trucks, damit Sie die Austragung der beschriebenen Veranstaltungen beschleunigen. In diesem Bereich spielt auch eine entscheidende Rolle, wie die zuständigen Behörden mit diesen Initiativen umgehen.

Überlegungen für einen guten Geschäftsplan

Ein gutes Konzept ist ein wichtiger Schritt in Richtung Erfolg Ihres Projekts. Allerdings ist es wichtig, dass Sie eine gründliche und sorgfältige Planung des gesamten eigenen Betriebs durchführen. Ich habe bereits die Notwendigkeit der Erstellung eines guten Geschäftsplans erwähnt, der die Fähigkeit hat, das Wesentliche des von Ihnen geschaffenen Konzepts zu erfassen. Ihn schriftlich festzuhalten, wird Ihnen helfen, eine genauere Vorstellung aller Details zu haben, an die Sie denken müssen. Laut José Borralho sollte ein guter Geschäftsplan für Street Food die folgenden Aspekte abdecken:

- Definieren Sie das Produkt;
- Finden Sie ein Arbeitsgebiet;
- Informieren Sie sich über die Gesetzgebung dieser Region;
- Analysieren Sie die Präsenz der Zielgruppe in der gewählten Zone;

- Evaluieren Sie die Flexibilität der Verkaufspreise der Produkte;
- Legen Sie die Richtlinien für die Lagerhaltung fest;
- Kalkulieren Sie die Beträge für die Löhne in die Rentabilitätsprognosen ein.

Carlos Relva, Gründungspartner von *Frua*, konzentriert sich auf die Bewertung der Wirtschaftlichkeit des Projekts. Für ihn ist es das Wichtigste, eine tägliche Kontrolle der Kosten und Einnahmen des Projekts zu haben, und er empfiehlt neuen Investoren, eine Finanzprognose für ein Worst-Case-Szenario in den Geschäftsplan einzuschließen.

«Das Einkommen des Food Trucks wird vom Standort abhängig sein sowie vom Produkt, vom Preis, den Sie dem Kunden verrechnen können und den Lebensmittelkosten.»

Carlos Relva
Frua

Wenn Sie den Planungsaspekt erfolgreich ausarbeiten können, können Sie bestimmt ein Geschäft mit einer zweistelligen Profitabilität aufbauen und, wie Tim Vieira feststellt, mit einem sehr geringen Risiko.

Grundlegende Gedanken zur Erinnerung

- Ein guter Geschäftsplan muss nicht zweihundert Seiten haben. Quantität ist nicht Qualität. Erarbeiten Sie einen leicht lesbaren und editierbaren Plan.
- Vergessen Sie nicht, dass Sie nur das verkaufen können, was die Kunden kaufen wollen. Erkennen Sie Marktchancen, und erstellen Sie Angebote, um ihnen entgegenzukommen.
- Entwickeln Sie ein differenzierendes Geschäftskonzept, das nach Ihren Fähigkeiten und Ihrem persönlichen Geschmack ausgerichtet ist. Versuchen Sie nicht, sich auf einen Weg zu zwingen, dem Sie nicht leidenschaftlich folgen möchten.
- Setzen Sie immer auf Qualität.
- Machen Sie sich mit den Arbeitsmethoden der Branche vertraut, und lernen Sie, mit ihnen zu leben.
- Kümmern Sie sich um die Hygiene des Fahrzeugs, und stellen Sie eine Wasch- und Lagerungsroutine desselben auf.
- Rechtfertigen Sie Ihre Angst, ein Street-Food-Geschäft in Betrieb zu nehmen, nicht mit der vermeintlichen Saisonabhängigkeit der Branche. Erkennen Sie, dass vermehrte Schwierigkeiten im Winter nicht Saisonabhängigkeit bedeuten. Suchen Sie aktiv nach alternativen Wegen, um durch den Food Truck zu Geld zu kommen, wenn es Ihnen die Wetterverhältnisse nicht erlauben, auf der Straße zu sein.

PLANEN SIE DAS MENÜ

«Der Hamburger-Trend ist ein Preis- und Qualitätskrieg. Street Food schlägt diesen Weg nicht ein, und aus meiner Sicht sollte es so bleiben. Unternehmer sollten versuchen, die gesunden und typisch regionalen Konzepte zu nutzen.»

Luís Rato
Gründer von *Kiosque Street Food*

Wenn Sie im Voraus wissen, dass Sie ein Street-Food-Geschäft starten wollen, müssen Sie in der Lage sein, einige Themen bereits jetzt zu überdenken, die erst zu einem späteren Zeitpunkt des Geschäftsplans einer genaueren Prüfung unterzogen werden, wie zum Beispiel die Verkaufsplattform. Da Sie bereits wissen, dass Sie von einem Food Truck aus arbeiten werden, und obwohl Sie sich noch nicht entschieden haben, welches Modell oder Design am besten zum Projekt passt, sind Sie in der Lage, bewusst die Speisekarte festzulegen. Zu diesem Zeitpunkt definieren Sie nicht das Zielpublikum, aber Sie haben sicher eine Vorstellung von dem Profil der Menschen, die Sie bedienen möchten, und wo Sie sein müssen, damit Sie sie ansprechen.

Eine gute Planung eines Street-Food-Geschäfts ist aufgrund der großen Anzahl verschiedener Aspekte, die Sie berücksichtigen müssen, nicht einfach. Wie ich bereits erwähnt habe, ist es sehr wichtig, einen leicht editierbaren Geschäftsplan zu entwickeln, weil Sie im Laufe dieser Übung viele seiner Voraussetzungen nachprüfen müssen.

Das erste, das bei der Erstellung der Speisekarte vorhanden sein muss, ist eine Vorstellung vom Zeitpunkt des Konsums, den Sie abdecken möchten. José Borralho weist darauf hin, dass die Kunden nicht viel von ihrer üblichen Essensroutine abweichen (Frühstück, Mittagessen, Snack, Abendessen), obwohl sie vielleicht einen Happen zwischen den Mahlzeiten einnehmen möchten. Laut dem Vizepräsidenten von *Associação de Street Food Portugal* gibt es aber eine Ausnahme für Getränke, die zu jeder Zeit eine Nachfrage aufweisen. Diese Daten sind interessant, da sie zeigen, dass die Kunden in Street Food nach einer Alternative zu den traditionellen Restaurants suchen, die auch eine komplette Mahlzeit zur Verfügung stellen können.

Mit diesem Wissen sollten Sie die Food-Truck-Speisekarte ausarbeiten, damit sie alle Bedürfnisse decken können. In der Praxis werden Sie Produkte benötigen, die verschiedenen Konsummomenten gerecht werden, damit Sie nicht das Risiko eingehen, Tageszeiten ohne Verkäufe zu haben – etwa, weil Sie nur Mittagessen anbieten und nichts, das man zum Frühstück essen kann. Es ist also ratsam, süße und herzhafte Optionen zu haben, Getränke für jeden Geschmack und jedes Alter und «Essensergänzungen» wie den traditionellen Kaffee.

Später, wenn Sie den Geschäftsbetrieb planen und eine bessere Idee davon haben, wie Ihr Arbeitstag ablaufen wird, sollten Sie zu diesem Kapitel zurückkommen und die Konsumzeiten, die Sie abdecken möchten, und die angebotenen Produkte gegebenenfalls anpassen. Sie werden wahrscheinlich auf ein oder zwei Angebote verzichten und sich auf eine Spezialisierung der restlichen konzentrieren müssen. Auf längere Sicht werden Sie bemerken, dass der Betrieb eines Food Trucks einiges an Logistik mit sich bringt, was Ihnen einen Teil der Zeit stiehlt, die Sie für den Verkauf eingeplant haben.

Sie werden mindestens zwei bis drei Stunden für die Vorbereitung vor der Eröffnung und zwei bis drei Stunden für die Reinigung und Aufräumarbeiten nach der Schließung hinzurechnen müssen. Diese Zeiten neigen dazu, sich zu erhöhen, je mehr Produkte Sie anbieten möchten.

Sie sollten niemals vergessen, dass ein Food Truck begrenzte Leistungsfähigkeiten hat. Ob es sich um ein Fahrrad, einen Piaggio oder etwas anderes handelt, Sie sind immer auf einen beschränkten Raum angewiesen. Diese Einschränkung beeinflusst die Menge der Zutaten, die Sie lagern können, Ihre Reaktionsbereitschaft während der Zubereitung der Gerichte sowie die nutzbare Plakatfläche, mit der Sie Produkte und Preise kommunizieren. Berücksichtigen Sie dieses Problem bei der Erstellung der Food Truck-Speisekarte. Das Schlagwort ist Einfachheit. Umfangreiche Speisekarten erhöhen Ihre tägliche Vorbereitungszeit und verringern den Lagerplatz für einzelne Zutaten. Folglich verursacht ein zu großes Angebot häufig Bestandslücken. Zusätzlich verwirrt es die Kunden, die aus einer größeren Vielfalt auswählen müssen und daher länger brauchen. «Es ist wichtig, einen schnellen Service und eine einfache Speisekarte mit nur drei oder vier Optionen zu haben», rät Luís Rato denjenigen, die einen reibungslosen Ablauf erreichen möchten.

In der Tat ist das Einzelprodukt der aufstrebende Markttrend, also Food Trucks, die gezielt darauf ausgerichtet sind, ein Einzelprodukt in vielerlei Hinsicht anzubieten. *Wine With a View* verkauft portugiesische Premium-Weine, *Tasca Itinerante* und *Comida de Rua* haben sich auf Sandwiches spezialisiert, *Piadina's, Wine & Co.* verkauft Piadine, *100 % Saboroso* bietet gesunde und vegetarische Angebote, *Frua* kreiert neue frische Fruchtsäfte und *Nanda Brigadeiros* verkauft süße Gourmet-Trüffelpralinen. Somit können diese Street-Food-Projekte eine sehr einfache und klare Kommunikation aufrechterhalten, die nicht allzu viel Lärm um das Konzept des Unternehmens macht. Sie alle unterstützen den Aufbau ihrer eigenen Marke durch die Qualität und die Geschichte der verkauften Produkte und mindern damit das Risiko des Scheiterns. Zusätzlich zu einer effektiveren Betriebsführung fördert das Einzelprodukt auch ein Gefühl des Vertrauens in den Kunden, da sie immer wissen, was sie im jeweiligen Food Truck finden.

In dieser Angelegenheit ergänzt José Borralho, dass Sie Ihr Konzept an die Art der Produktverarbeitung anpassen können. Wenn die Aufgabe hinter dem Tresen hauptsächlich aus Frittieren besteht, sollte das Menü nur aus frittierten Produkten bestehen. Das spart Ressourcen. Deshalb muss der Food Truck in diesem Fall darauf vorbereitet sein, schnell zu frittieren. Während das Einzelprodukt ein effektiveres Marketing und ein harmonisches Geschäftskonzept fördert, rationalisiert diese Reduzierung der Arbeitsvorgänge den Arbeitsablauf und verringert die Kochzeiten.

Es handelt sich um zwei verschiedene Vorgehen, die beide verschiedene Vor- und Nachteile haben. Diese sollten berücksichtigt werden, wenn Sie die Speisekarte planen. Das Ideal ist, ein Konzept zu erstellen, das eine Kombination der zwei Situationen erlaubt.

Produkte entwickeln

Wie soll die Gestaltung einer erfolgreichen Speisekarte für einen Food Truck aussehen? Der erste Faktor ist die Eignung des Produkts für die Street-Food-Branche. Das Produkt muss von Hand gegessen werden können und idealerweise auch, während man zu Fuß unterwegs ist. Ihre Kunden haben keine Tische und Stühle zur Verfügung, wo sie sich hinsetzen können, und wollen eine gute Mahlzeit genießen, während sie ihren Spaziergang fortsetzen. Sie müssen sicherstellen, dass das Produkt einfach zu handhaben ist und den Kunden kulinarisch nicht enttäuscht. Denken Sie auch daran, was ich im vorigen Unterkapitel behandelt habe: Die auf der Speisekarte erfassten Produkte müssen schnell zu kochen und dürfen nicht leicht verderblich sein.

Recherchieren Sie die Köstlichkeiten Ihrer Region und die wichtigsten Aromen der typischen Gerichte. Viele der Street-Food-Konzepte basieren auf einer Neuerfindung traditioneller Produkte, die auf viele verschiedene Arten bearbeitet werden können.

Eine andere Strategie für eine erfolgreiche Speisekarte ist der Import von Speisen aus anderen Teilen der Welt, zu denen der Zugang in Ihrer Region nicht einfach gegeben ist. *Piadina's, Wine & Co.* ist ein Beispiel für einen Food Truck, der sich entschieden hat, eine italienische Delikatesse auszukundschaften, die, obwohl sie im Rest der Welt nicht unbekannt ist, noch nicht allgemein zugänglich war.

«Der Street-Food-Markt wird die Portugiesen mit neuen Aromen aus der ganzen Welt bekannt machen. Street Food ist lebendig; wer keine Neuerungen einführt, wird keinen Erfolg haben.»

Tim Vieira
Investor bei *Shark Tank Portugal*

Als Unternehmer den Trends und der Konsumnachfrage zu folgen, ist intelligent und sehr ergiebig. Gesunde Nahrungsmittel, laktosefreie und glutenfreie Speisen, Biozutaten oder Fair Trade sind einige der heißesten Themen im Restaurantbereich. Indem Sie diese Produkte anbieten, begünstigen Sie nicht nur ein gutes Image Ihrer Marke, sondern fördern auch das Angebot für bis jetzt unerforschte Marktnischen. «Es besteht ein sehr großer Trend in Richtung gesunde Nahrung und ein geringes Angebot in diesem Bereich», sagt José Borralho, der viele Konzepte von Street Food auf dem Markt kennt, und fügt hinzu, dass er auf der Straße gerne noch mehr alternative Food Trucks mit verschiedenen Angeboten sehen möchte – wie zum Beispiel für heiße und kalte Suppen.

Es sollte, wenn möglich, frisch und vor Ort zubereitetes Essen sein, damit der Kunde bei der Zubereitung zusehen kann. Vermeiden Sie abgepackte und in Flaschen abgefüllte Produkte, weil die Konsumenten dies beim

Straßenessen weniger suchen. Sie werden kaum Eistee aus dem Supermarkt verkaufen, wenn der Food Truck neben Ihnen frisch gemachte Limonade verkauft. Im Gegensatz zu dem, was wir von herkömmlichen Restaurants gewohnt sind, sucht der Street-Food-Kunde Produkte mit der eigenen Marke eines jeden Food Trucks und keine Lebensmittel von den großen Vertriebsmarken.

Die Notwendigkeit, frische Lebensmittel zu liefern, fordert natürlich die Lagerorganisation heraus. Sie sollten sich bewusst sein, dass Sie schnell und leicht verkäufliche Produkte haben müssen, damit sich abends keine verderblichen Überschüsse ansammeln, die nur zu einem Verlust führen. All dies hängt natürlich von den technischen Möglichkeiten des Food Trucks, den Sie erwerben, und vom Ihnen zugewiesenen Verkaufspunkt ab. Die Konzepte funktionieren nicht überall gleich. Sie können nicht davon ausgehen, gleich die von Ihnen gewünschte Verkaufsstelle zu erhalten, die zu Ihrem Projekt passt – oder Sie gestehen sich eine Fehlerspanne zu, um das Angebot abhängig von der Zielgruppe, die Ihr Fahrzeug bevölkert, anzupassen.

«Es ist wichtig, ein differenziertes Produkt zu haben. Es hat keinen Sinn, noch mehr Burger auf der Straße zu machen.»

Tim Vieira
Investor bei *Shark Tank Portugal*

Wählen Sie die Zutaten aus

Sobald Sie die Food-Truck-Speisekarte aufgestellt haben, müssen Sie sich um die Zutaten kümmern, die Sie für die Zubereitung der Esswaren brauchen. Der Kernpunkt ist hier die Konstanz: Die Qualität der Zutaten muss immer gleich sein, egal wo Sie sind. Das heißt, Ihre Limonade muss immer mit der gleichen Art von Zitronen hergestellt werden, egal ob Sie in Bern,

Flensburg oder Schladming oder auf einer Veranstaltung am anderen Ende der Welt in Betrieb sind. Um diese Konsistenz zu gewährleisten, sollten Sie sich Lieferanten aussuchen, und zwar Geschäftspartner, die wirklich um Ihren Betrieb besorgt sind. Sie haben dabei drei Möglichkeiten:

Kaufen Sie die Zutaten bei einem Händler mit nationaler Präsenz, wie zum Beispiel Migros oder Lidl. Diese Geschäfte garantieren einen akzeptablen Preis für die Waren sowie die nationale Präsenz und Konsistenz des Angebots, aber Sie werden unweigerlich wenig Verhandlungsmacht haben und vermutlich nicht die Möglichkeit haben, kundenspezifische Bestellungen zu machen.

Machen Sie einen Vertrag mit einem bestimmten Anbieter für ein ganz spezielles Produkt. Diese Art der individuellen Vereinbarung gibt Ihnen mehr Verhandlungsstärke hinsichtlich der Preise sowie auch der Lieferzeiten; die Produkte können sowohl zu einem bestimmten Zeitpunkt als auch an einen bestimmten Ort geliefert werden. Sie können vielleicht auch kundenspezifische Bestellungen für bestimmte schwer zugängliche Produkte machen. Auf der anderen Seite müssen Sie Geduld für die Logistik aufbringen, da Sie mit mehreren Lieferanten direkt verhandeln müssen, und Sie so Fehlern in der Vertriebskette mehr ausgesetzt sind.

Die dritte Option ist, die benötigten Produkte von lokalen Anbietern zu kaufen. Natürlich muss dies bekanntgemacht werden, da Ihr Unternehmen davon profitieren wird. Doch ist diese Möglichkeit vielleicht von der Gnade der Produktverfügbarkeit, instabiler Preispolitik und Schwankungen in der Zusammenstellung Ihres Angebots abhängig. Es ist großartig, einen Orangensaft aus lokalen Früchten anzupreisen – aber wird die Verfügbarkeit der besonders leckeren Orangensorte zu jeder Jahreszeit gleich sein? Setzen wir voraus, dass es Ihnen gelingt, gute Lieferanten zu finden – werden der Geschmack und die Konsistenz des Saftes erhalten bleiben? Wahrscheinlich nicht, und Sie müssen lernen, damit umzugehen.

Die Entscheidung für eines der drei dargestellten Szenarien variiert von Fall zu Fall, aber die Sorge um die angemessenen Lebensmittelkosten des Betriebs wird immer vorhanden sein. Es ist wichtig, dass Sie sich mit Ihrem

Rezept vertraut machen und die Obergrenze kennen, die Sie für jede Zutat ausgeben können. Unzureichend definierte Einkaufsprozesse können zu einer Unübersichtlichkeit bei den Produktionskosten führen und damit zu einer geringeren Gewinnspanne. Ein Hinweis, der Ihnen bei der Einschätzung helfen kann: Lebensmittelkosten über 30% sind unter Umständen zu hoch, um die Rentabilität des Unternehmens zu gewährleisten.

Ein weiterer Grund, weshalb Sie beim Kauf der einzelnen Zutaten auf eine konstante Qualität achten sollten, ist der Herstellungsprozess der Produkte. Die Verwaltung eines Gastronomieunternehmens, ob mobil oder feststehend, verträgt sich nicht gut mit den ungeplanten Kochpraktiken. Mit den Augen abgeschätzte und durch das Anstechen des Kuchens kontrollierte Koch- und Backzeiten etwa führen zu Unbeständigkeit im Produkt, das Sie dem Kunden aushändigen. Versetzen Sie sich in die Lage des Kunden: Sicherlich wird niemand gerne einen Kuchen kaufen, der manchmal zu wenig gebacken und ein anderes Mal viel zu trocken ist. Das erste Mal, wenn ein Kunde etwas von Ihnen Gemachtes konsumiert, wird er ein Muster in seinem Unterbewusstsein bilden. Alle nachfolgenden Konsumerlebnisse werden nach dieser Norm bewertet und die minimale Abweichung in der Qualität führt zu Unzufriedenheit und im schlimmsten Fall zu einem verlorenen Kunden.

Probieren Sie Ihre Rezepte also vorher aus und verbessern Sie sie, wo nötig. Erstellen Sie Regeln und Normen, vereinheitlichen Sie den Kochvorgang. Sie müssen sicherstellen, dass das Produkt im Geschmack immer ähnlich ist, egal ob Sie oder ein Mitarbeiter es herstellen.

Grundlegende Gedanken zur Erinnerung

- Wenn Sie die Food Truck-Speisekarte erstellen, passen Sie Ihr Angebot den Konsumzeiten an, die Sie abdecken möchten.
- Entwickeln Sie ein Konzept, das Ihnen erlaubt, mehr als eine Konsumzeit abzudecken.
- Erkennen Sie die für Sie wichtigen Konsumzeiten, also die, welche den notwendigen Kundenfluss und die nötige Rentabilität für das Unternehmen bringen.
- Berücksichtigen Sie die Menge der Zutaten, die Sie im Food Truck lagern können, und passen Sie die Logistik an.
- Spezialisieren Sie sich auf die Strategie des Einzelprodukts, und ziehen Sie die Idee der Reduktion der Arbeitsvorgänge auf nur einen in Betracht.
- Versuchen Sie, den Ernährungstrends der Verbraucher zu folgen.
- Unterscheiden Sie Ihr eigenes Angebot von anderen Food Trucks und Gastronomieunternehmen.
- Führen Sie Normen im Service, den Sie den Kunden anbieten, ein und versichern Sie sich, dass diese Normen eingehalten werden. Wenn Sie Mitarbeiter haben, vergessen Sie nicht, sie entsprechend auszubilden und regelmässig Feedback zu geben.

Колибас
Какао 25
Эспрессо 15
Американо 15
Капучино 25
Латте 25
ЧАЙ в ассорт 15
Панкейки 30
• с кленовым сиропом
• с шоколадом
• +бекон +10
Красный бархат 70
Тирамису 65
Лимонный курд 55

IHR FOOD TRUCK

«Man braucht viel Leidenschaft für das Geschäft, denn um Unternehmer zu sein, müssen Sie mit Emotionen zurechtkommen, um mit Erfolgen und Misserfolgen umzugehen.»

Carlos Relva
Frua

Marcelo Fontes Martins arbeitete in der Buchhaltung der Tierklinik, die er gemeinsam mit seiner Frau besitzt. Marcelo hat Management studiert, sieben Jahre im Finanzbereich gearbeitet und später in einem Großhandelsvertrieb. Selbstverständlich sammelte er all diese Berufserfahrung, bevor sich seine Leidenschaft für Street Food entwickelte. Neben all dieser Arbeit keimte in Marcelo die Idee der Geschäftserweiterung durch eine mobile Einheit, damit er kleine Eingriffe wie Impfungen an entlegenen Orten vornehmen könnte.

Eines Tages auf dem Weg zu seinem Yogakurs fiel ihm der Food Truck von *Yonest* auf. Marcelo sah in dieser Piaggio eine mögliche Lösung seiner

Geschäftsbedürfnisse. Aber gleichzeitig entwickelte sich seine Leidenschaft für das Kochen und für die Möglichkeit, ein ganz neues Projekt zu entwickeln. All das motivierte ihn zum Besuch in der *Kiosque-Street-Food*-Fabrik und dann zum Kauf eines Piaggios, umgewandelt in einen Food Truck.

Der Fall von Marcelo, Gründer der Marke *100 % Saboroso*, ist meinem ähnlich. Wir beide waren auf der Suche nach einem Truck für andere Zwecke und kamen auf diesem Umweg zu Street Food. Ob für Tierimpfungen, für den Buchverkauf oder zur Unterstützung eines jeglichen anderen Geschäfts, die Vielseitigkeit der Abänderungen, die das *Kiosque-Street-Food*-Team an den Piaggio-Fahrzeugen vornehmen kann, kennt kaum eine Grenze. Für Luís Rato können diese Dreiräder für unzählige Dinge genutzt werden, wie etwa für Sampling- oder Brandingaktionen, und sind sowohl für kleine als auch für große Unternehmen gut zugänglich. «Die technische Qualität der Änderungen, die an den Fahrzeugen vorgenommen worden sind, schaffte wahre Kunstwerke, schöne Stücke mit viel Raffinesse.»

Bei der Gestaltung eines Food Trucks sollten Sie als erstes sicherstellen, dass er die Aufmerksamkeit der Menschen erfassen und halten kann. Sein Anblick sollte die Konsumenten faszinieren, ihre Neugier wecken und in ihnen einen starken Wunsch wecken, das von Ihnen angebotene Produkt auszuprobieren. Wenn Sie eine ähnliche Wirkung erreichen wie der *Yonest*-Piaggio bei Marcelo, können Sie sicher sein, dass Ihr Konzept interessant und ansprechend ist. Dies ist das beste Marketing, das Sie haben. Sie sollten also großen Wert auf das Design legen.

Letztlich ist es wichtig, sich zu erinnern, dass Sie dem Konsumenten einen neuen Ansatz in der Gastronomie vorstellen, etwas, das er vermutlich noch nie vorher gesehen hat. Ihr Food Truck muss interessant genug sein, dass er eine Abweichung von der Route und den traditionellen Gewohnheiten der Menschen verursacht. Aus einer anderen Perspektive gesehen: Wenn Sie sich auf einem Festival von anderen Street-Food-Konzepten umgeben finden, müssen Sie sicherstellen, dass sich Ihr Food Truck von der Konkurrenz abhebt. Dies ist also der erste Punkt, den Sie bei der Auswahl einer Verkaufsplattform in Erwägung ziehen sollten: Welches ist die beste Variante der Food Trucks, um Ihr Angebot hervorstechen zu lassen?

Den richtigen Partner finden

Street Food ist ein Unternehmen von Menschen und Gemeinschaften. Es impliziert ein gewisses Unternehmerprofil (bereits analysiert im Unterkapitel «Ist dieses Geschäft etwas für Sie?») und ein fachübergreifendes Knowhow. Es ist vor allem für einen Geschäftsinhaber am Anfang seiner Karriere nicht einfach, alleine in ein Street-Food-Projekt zu investieren. Die Entwicklung eines Food Trucks erfordert anspruchsvolle Planungsarbeiten, die über ein attraktives Design hinausgehen.

Der zweite Aspekt, an den Sie denken sollten, nachdem sichergestellt wurde, dass Sie ein ästhetisch interessantes Fahrzeug haben, ist die Funktionalität. Ein Food Truck ist keine Werbung für Ihre Marke, sondern eine Verkaufsplattform, die ein Restaurant ersetzt. Er hat ungefähr fünf Quadratmeter Platz für alle notwendigen Geräte. Kein Detail sollte dem Zufall überlassen werden, jeder Millimeter zählt, damit Sie das Produkt herstellen, es auf den Teller platzieren, servieren und die Lebensmittel lagern können. Es ist ratsam, einen guten Partner für diese Aufgabe zu suchen, jemanden, der im Notfall auch als Handwerker eingreifen kann. Ein Food Truck ist viel mehr als ein Motorrad oder ein abgewandelter Lieferwagen, es ist eine mobile Verkaufsplattform, angepasst an das jeweilige spezifische Konzept. Darüber hinaus benötigen Sie laufend Unterstützung für das Fahrzeug und seine Ausrüstung. Es ist wichtig, über technisches Wissen zu verfügen, um kleine Mängel zu reparieren, aber für größere Probleme brauchen Sie jemanden, der sich auskennt. Sie werden kaum die Zeit haben, sich stundenlang um solche Dinge zu kümmern.

Es gibt einige Unternehmen in Europa, die sich auf die Umwandlung von Fahrzeugen für Street Food spezialisiert haben. Es ist ratsam, sich bei der Wahl des Food Trucks von ihnen beraten zu lassen. Wenn Sie ein Motorrad oder einen Lieferwagen auswählen, ziehen Sie vielleicht vor, Hilfe bei einer inländischen Firma zu suchen, die eine individuellere Betreuung bieten kann, einen schnelleren Kundendienst und ein Zulassungsverfahren des Fahrzeugs ohne jegliche Unannehmlichkeiten. Vergessen Sie nicht, dass – obwohl Sie Ihren Food Truck als Geschäft ansehen – er nicht aufhört, ein Fahrzeug zu sein und Sie Verkehrsregeln befolgen müssen.

Meine persönliche Erfahrung mit dem Unternehmen *Kiosque Street Food* gibt mir die Gewissheit, dass seine Arbeitsphilosophie auf den Kunden und auf die von ihm benötigte Unterstützung konzentriert ist, und nicht auf den Verkauf um jeden Preis. Zuerst war ich erstaunt, als Rato mir den Kauf einer Piaggio Ape verweigerte, aber dann merkte ich, dass dies seine Art war, die Nachhaltigkeit seines eigenen Unternehmens zu gewährleisten. «Gerade jetzt ist das Geschäft gut, weil alle Kunden erfolgreich sind und zu einer florierenden Branche beitragen. Wir sind uns gänzlich bewusst, dass, wenn wir Projekte ohne Qualität unterstützen würden, diese schließlich scheitern und einen viralen Effekt zur Diskreditierung von Street Food erzeugen würden.» Diese Aussage von Luís Rato ist korrekt. Alle Unternehmer, die ich interviewte, gaben zu, dass sie in Street Food eingestiegen sind, nachdem sie einen erfolgreichen Food Truck gesehen haben. Diese positive Mundpropaganda hat mehr und mehr Investoren inspiriert, ein neues Geschäft zu starten.

Mónica Santos, Gründerin des Food Trucks *Maria Limão*, ist eine jener Personen, die sich entschlossen haben, *Kiosque Street Food* mit der Entwicklung ihrer Piaggio zu betrauen. Allerdings verschwieg die Unternehmerin die vorher erlebten Pannen nicht, die sie erlebte, bevor Sie entschied, die Arbeiten einem zertifizierten Unternehmen zu überlassen. «Nachdem wir die Idee und das gesamte Konzept definiert hatten, haben wir uns auf ein Unternehmen verlassen, das nicht nur das Projekt nicht ausgeführt hat, sondern sich auch noch zu Unrecht einen Teil unserer anfänglichen Investition angeeignet hat, ohne ihn je zurückzugeben. Wir hoffen, dass unsere Erfahrung als Lehre für diejenigen dient, die über eine Investition in Street Food nachdenken. Es ist sehr wichtig, dass wir unsere Investition in ein professionelles und zuverlässiges Unternehmen stecken. Es war eine sehr frustrierende Erfahrung in Bezug auf Erwartungen und Motivation.»

Das Piaggio-Projekt

In den USA hat sich die Street-Food-Industrie schon seit einiger Zeit angesiedelt, vor allem in Städten wie New York und Los Angeles, die wohl den Sättigungspunkt schon fast erreicht haben. Auf diesem Markt hat sich Street Food in Form von großen angepassten Vans und sogar sogenannten «Bustaurants», Restaurants in Bussen, eingenistet. Das ist ein ganz anderer Trend als der in Portugal existierende, wo sich die Verwendung von Motorrädern durchgesetzt hat.

Sara Chen, Repräsentantin des Hauptimporteurs von *Piaggio* in Portugal, war so freundlich, mich in der Zentrale der Firma in Alcântara zu empfangen, wo sich die Büros den Platz mit einem Geschäft und einer Werkstatt teilen. Ich fühlte mich wie ein Kind im Süßwarenladen, umgeben von einer solchen Vielfalt von Motorrädern, von deren Besitz ich träumte, seit ich weiß, was Fahren ist. Noch bevor ich mit Sara gesprochen habe, erkannte ich den Grund, warum die Piaggio-Ape-Fahrzeuge für verschiedene Zwecke so beliebt sind, von denen Street Food nur ein Beispiel ist. Das zeitlose Design und das imaginäre Bild, das die Marke in den Köpfen der Menschen erzeugt, gibt jenen Unternehmen, die auf einer Ape-Plattform eingerichtet sind, einen einmaligen Charme.

Die Leidenschaft, mit welcher Sara auf sie verweist, ist offensichtlich. Sie leitete sofort das Gespräch ein, indem sie mir einige Details des geschichtlichen Reichtums der Motorräder erzählte. «Die südeuropäischen Länder haben seit jeher eine starke Tradition der Ape 50. Seit 1947 war es das Fahrzeug, das von jenen zum Transport von Lasten verwendet wurde, die keinen Führerschein hatten.» Aber ihre Revitalisierung begann in den nördlichen Ländern um das Jahr 2006, als man damit anfing, sie für Werbekampagnen zu verwenden – Guerilla- und Charm-Marketing durch einige Werbeagenturen, die das Fahrzeug mit Werbetafeln auf strategischen Punkten platzierten. Ihr pittoreskes und nostalgisches Bild lässt niemanden gleichgültig, ein sehr wünschenswertes Merkmal für Marken, die nach einem unverwechselbaren Weg suchen, um die Aufmerksamkeit der Verbraucher an sich zu ziehen.

Das Wiederaufleben der Ape begann so und kam erst später nach Südeuropa, als es gelang, die Verbindung mit den ländlichen Gebieten und der älteren Bevölkerung zu brechen. Zu diesem Zeitpunkt hatte Luís Rato den internationalen Trend erkannt und setzte sich stark dafür ein, das Piaggio-Projekt nach Portugal zu bringen, als noch niemand daran dachte, Street Food von einem Motorrad aus anzubieten. «Der Piaggio ist das Dreirad für alte Leute, die Armen, die Provinz. Als ich dieses Projekt startete, war dies die vorherrschende Mentalität. Niemand hatte jemals daran gedacht, dass diese Fahrzeuge in ein Ding mit Klasse und Charme umgewandelt werden könnten und es technisch möglich wäre, damit ein Produkt auf dem Level eines Michelin-Sterne-Restaurants zu verkaufen.» Die Verwendung der Ape in Portugal wurde erst mit Street Food modern.

Nach der Übertragung des Programms *Chakall & Pulga* begannen neue Unternehmer aufzutauchen, mit dem Willen Straßenessen-Konzepte in Betrieb zu nehmen – unterstützt durch eine Ape als Food Truck. Sara Chen erinnert sich an diese Investoren, vor allem Arbeitslose, Junge und Start-ups. Sie waren eine wesentlich andere Zielgruppe als diejenigen, die das Fahrzeug früher gekauft hatten. Nach einer längeren Flaute der Nachfrage für dieses Fahrzeug tauchte der Absatz plötzlich wieder auf, und erst noch mit einer deutlichen Steigerung. Sara glaubt, dass Street Food und die Verwendung einer Ape als Food Truck jetzt bereits bewährte Konzepte mit erprobter Erfolgsbilanz sind.

Aber das war nicht immer so. Die Anfangshürden für die Erlangung von Lizenzen für den Straßenverkauf waren ein kompliziertes Problem für eine aufstrebende Industrie. Sie lenkte schließlich Investoren zu Veranstaltungen an privaten Orten wie Fußballstadien und Musikfestivals, die sich als eine der wichtigsten Einnahmequellen von Food Trucks bestätigt haben. Doch nach der Freigabe der Bewegung durch den Stadtrat in Lissabon, Pionierstadt in Bezug auf Street Food, öffneten sich die Türen für die Verbreitung von Projekten.

«Es gibt genügend Fallstudien, so dass die Menschen jetzt erkennen, dass es rentabel ist und Sinn ergibt, ein Street-Food-Geschäft auf einer Piaggio Ape zu starten», sagt Sara. Das Geheimnis des Motorrads ist seine bedeutende Geschichte und die Tatsache, dass der Piaggio seit über fünfzig Jahren nahezu unverändert geblieben ist, meint Sara. «Der Begriff Ape ist bereits seit vielen Jahren etabliert und nicht verändert worden», versichert sie. Ausgehend von einem internationalen Trend des Wiederauflebens von Dreirädern für Lasten, nahm der Piaggio in Portugal eine aktive und führende Rolle in der Förderung der Branche ein.

«Unser Geschäftsbereich ist nicht die Umwandlung von Fahrzeugen, sondern Import und Verkauf. Dazu sind eine gut eingerichtete Werkstatt und ein erfahrenes Team notwendig. Wir suchten einen Geschäftspartner dafür und fanden *Kiosque Street Food.*» Nach der Logik einer Win-win-Partnerschaft beteiligten sich beide Unternehmen an der Realisierung der Fernsehshow *Chakall*, deren Erfolg den Start von Street Food in Portugal markierte.

Klein sein – ein Vorteil?

Sie haben bereits gemerkt, ich bin ein großer Fan von Piaggios. Es gibt verschiedene Vorteile eines Piaggio Scooters im Vergleich zu jedem anderen Fahrzeug, das für das Straßenessen angepasst werden kann. Aber auf die eine oder andere Weise sind sie alle auf die Dimensionen bezogen. In diesem Fall bedeuten nämlich kleinere Größen weniger Anfangsinvestitionen, mehr Mobilität, auf Langstrecken einfache Transportierbarkeit (etwa durch die Verwendung eines einfachen Anhängers, der an jedes Fahrzeug installiert werden kann) und bessere Anpassungsfähigkeit in verschiedenen Umgebungen. Seit ich mit der Street-Food-Branche Kontakt aufgenommen habe, hat dieses Piaggio-Motorrad mein Herz eingenommen. Wenn Sie mich nach meiner persönlichen Meinung fragen, werde ich immer sagen, dass die schönsten Food Trucks auf einer Ape 50 aufgebaut sind, dem kleineren Modell der Piaggio. Es ist Vintage, pittoresk, einnehmend und vor allem unerwartet. Das sind alles Elemente, nach denen Sie bei einem Food Truck suchen sollten, der das Gesicht des Unternehmens sein wird.

Obwohl ich in das Fahrzeugdesign verliebt bin, konnte mich die Möglichkeit, einen Gastrobetrieb in einem so kleinen Gehäuse aufzubauen, erst nicht überzeugen. Versuchen Sie in Gedanken alles, was Sie zu Hause in Ihrer Küche haben, auf eines dieser Motorräder zu packen, und am Ende sollte alles auch noch cool aussehen. Für den größten Teil der Recherchen, die ich für dieses Buch machte, hielt ich an der Idee fest, dass die Funktionalität einer Ape ihrer Schönheit nicht folgte, und noch weniger der Einsatzfähigkeit eines größeren Lieferwagens. Es ist wohl überflüssig zu sagen, dass ich nicht recht hatte. Wir werden uns später genauer damit beschäftigen, aber ich kann schon jetzt sagen, dass Sie von den technischen Möglichkeiten dieser Dreiräder überrascht sein werden. Als ich mit mehr und mehr Unternehmen sprach und ihre Arbeitsabläufe untersuchte, merkte ich, dass die Ape 50 die idealen Fahrzeuge für die meisten Konzepte von Street Food sind.

Die endgültige Bestätigung kam mit dem Interview, das ich mit Fernando de Sousa, Gründer von *Tasca Itinerante*, hatte. Sein Street-Food-Unternehmen ist auf einem Volkswagen und nicht auf einer Piaggio montiert. Die größere visuelle Wirkung eines größeren Fahrgestells ist unbestreitbar, besonders da der VW auch im Vintage-Stil daherkam, aber die operativen Herausforderungen waren eine ganz andere Sache. Um einen Food Truck zu einer Veranstaltung weit weg zu bewegen, muss die logistische Ebene erheblich verbessert werden. Vor allem wenn es um den Erwerb von ergänzenden Hilfsmitteln zum Transport einer größeren Menge von Produkten an den

Standort des neuen Verkaufspunktes geht sowie um die Mitfahrt von Mitarbeitern, die dieser Mehraufwand mit sich bringt.

Für einen Piaggio ist die logischste Lösung, den Food Truck auf einen Anhänger zu laden, wo Sie gleichzeitig Tiefkühlkost und all die notwendige Ausrüstung transportieren können. Dieser Vorgang kann von einer einzigen Person durchgeführt werden. Wenn der Food Truck aber ein größerer Lieferwagen ist, können Sie ihn nicht auf einem Anhänger transportieren, er muss mit eigenen Mitteln reisen. Abgesehen von der offensichtlichen Einschränkung, einen Vintage-Kombiwagen über weite Strecken zu fahren, gibt es auch noch die Gefahr, dass Geräte, die empfindlich auf Erschütterungen und Fahrbahnunebenheiten während längerer Zeiträume reagieren, kaputtgehen können. Wenn Sie 30 000 oder 40 000 Franken für die Anpassung eines Kombiwagens ausgeben, überlegen Sie es sich sicherlich zweimal, bevor Sie ihn den Stressfaktoren einer großen Reise aussetzen. Dieser Vorgang kann theoretisch auch von einer einzigen Person durchgeführt werden. Aber vergessen Sie nicht, dass immer noch der Warenbestand für den Verkauf auf einer drei oder vier Tage dauernden Veranstaltung fehlt. Sie brauchen auf jeden Fall ein Begleitfahrzeug und damit eine weitere Person in Ihrem Team, um es zu fahren. Die vergrößerten Dimensionen Ihres Fahrzeugs verdoppeln also die Kosten der Logistik für die Veranstaltung und vielleicht ist es so nicht mehr rentabel, daran teilzunehmen.

Damit möchte ich nicht sagen, dass ein Fahrzeug besser ist als ein anderes, weil die Wahl vom Konzept des jeweiligen Unternehmens und der Art des Betriebs, den Sie aufbauen möchten, abhängig ist. Vielleicht möchten Sie ja sowieso nicht längere Fahrten mit Ihrem Truck unternehmen. Für Fernando de Sousa ist die Größe seines Wagens kein Nachteil, da er ganz absichtlich ausschließlich im Großraum einer Großstadt operiert. In seinem speziellen Fall überwiegen die Vorteile eines Kombiwagens die Schwierigkeiten, die daraus entstehen können. Der Kombi bietet ihm einen Wettbewerbsvorteil gegenüber der Konkurrenz durch Differenzierung der Vertriebsplattform.

Sara Chen antwortete mir auf die Frage in Bezug auf die Anziehungskraft der Ape, dass sie eine viel stärkere Kundenbindung als jedes andere Street-Food-Fahrzeug fördern. Dies geschieht, weil sie aufgrund ihrer geringen Abmessungen den Betreiber dazu verpflichtet, auf der Ebene des Kunden zu sein. Das Arbeiten auf dem Boden und ohne Trennbarriere zwischen dem Betreiber und dem Kunden sind Besonderheiten der Api, die sonst nur Fahrräder anbieten können. Die bereitgestellte Interaktion mit dem Kunden erlaubt eine andere Kundenerfahrung. Ein weiterer Punkt wird von Luís Rato betont, und zwar dass diese Piaggios keine Rückseite haben und von einer Seite auf die andere offen sind. Das fördert die extrem bodennahe visuelle Wirkung.

Ein letzter wichtiger Punkt zugunsten der Option, ein imposanteres Fahrzeug zu haben, ist der, dass es sich leicht von anderen kleinen Fahrzeugen abhebt. Dann kann ein großer Kombiwagen ein bedeutender Differenzierungsfaktor sein.

Ein Food Truck in Expansion

Als ich Sara Chen über die Zukunft der Piaggio Ape-Motorräder in der Industrie des Straßenessens befragte, antwortete sie mit der klaren Absicht, weiterhin in diesen Markt zu investieren. «In Portugal werden noch viele innovative Konzepte in Kombination mit der Ape auftauchen. Während der Markt in Lissabon bereits fast ausgereift ist, gibt es im Rest des Landes noch fast nichts, nicht einmal in Porto, wo es nur zwei oder drei Street-Food-Projekte gibt.» Im Glauben, dass die Unternehmer in der Industrie *Piaggio* als Geschäftspartner sehen, der ihnen die besten Fahrzeuge zur Verfügung stellt, ist die Geschäftsfrau der Überzeugung, dass die Marken anfangen werden, ihre Ressourcen stattdessen zur Kommunikation und zum Verkauf ihrer Produkte zu verwenden. Für die Zukunft ist es ihr Hauptziel, die Unterschiede zwischen den Api und den übrigen Fahrzeugen weiterhin zu definieren, damit die Behörden des Landes erkennen, dass Street Food eine neue Industrie und nicht die Wiederbelebung des überholten Straßenverkaufs ist.

Nach Lissabon richtet sich die Aufmerksamkeit auf Porto, der zweitgrößten Stadt des Landes mit einer gut entwickelten Tourismusindustrie. Somit scheint Porto der logische nächste Schritt für den Expansionsprozess des Unternehmens zu sein. «Porto ist eine kleinere Stadt mit einem wichtigen historischen Zentrum, das erhalten werden muss. Die Stadt hat immer noch nicht verstanden, mit diesen neuen Fahrzeugen umzugehen, aber sie wird ihnen die Türen bald öffnen müssen», sagt Sara. Das sagt auch aus, dass es die unvermeidliche Zunahme an Genehmigungsanträgen sein wird, die dem Stadtrat Druck machen wird, Platz für Street Food zu schaffen – ähnlich dem, was in Lissabon passiert ist. Der Piaggio wird deshalb auch weiterhin Street Food und die jüngsten Food Truck-Festivals unterstützen, die laut Sara eine hervorragende Möglichkeit darstellen, die Einzigartigkeit der Branche zu demonstrieren und noch viel Raum zur Entwicklung offenlassen.

Checkliste: Aspekte, die vor der Auswahl eines Food Trucks zu berücksichtigen sind

Ob Sie den Food Truck von einem zertifizierten Partner kaufen, der für Sie die technische Anpassung der Fahrzeuge macht und Ihnen mit dem Geschäftsplan helfen kann, oder ob Sie ein traditionelles Fahrzeug kaufen und versuchen, es selbst mit oder ohne Hilfe von jemanden mit handwerklichen Fähigkeiten anzupassen, gibt es mehrere Punkte zu beachten, um sicherzustellen, dass Sie die beste Auswahl treffen:

Was ist der Preis des Fahrzeugs? Vorsicht bei diesem Punkt: Es ist wahr, ein neuer Piaggio etwa kostet mindestens 9000 Franken, und wenn Sie einen gebrauchten kaufen, können Sie sie bestimmt zu einem Preis ab 3000 oder 4000 Franken finden. Aber vergessen Sie nicht, dass Sie zu diesem Wert immer noch die Kosten für die Umwandlung des Fahrzeugs hinzurechnen müssen. Diese Kosten umfassen die erforderliche Handarbeit für den Umbau, alle Küchengeräte, die das Geschäft braucht, und die grafische Gestaltung des Motorrads. Alles zusammengerechnet werden Sie erkennen, dass es für eine authentische und unabhängige Küche auf Rädern kein so hoher Preis ist. Bevor Sie sich in eilige Schätzungen für den Geschäftsplan stürzen, fragen Sie nach einem konkreten Budget in einer zertifizierten Werkstatt.

Welche Art von Food Truck sollte verwendet werden? Der größte Anteil Ihrer Unternehmensinvestition ist der Erwerb eines Food Trucks. Wenn Sie es mit einem herkömmlichen Unternehmen vergleichen, entspricht der Kauf eines Food Trucks der Wahl des Standorts eines Restaurants, Geschäfts oder Büros. Beim Street Food ist dies wohl die einzige Wahl, die Sie nicht mehr rückgängig machen können. Überlegen Sie sich das entwickelte Konzept sorgfältig, und analysieren Sie genau, welches Fahrzeug am besten Ihren Bedürfnissen entspricht. Wie viel Platz brauchen Sie, wie mobil möchten Sie sein, wie möchten Sie sich von der Konkurrenz unterscheiden?

Ist das Fahrzeug neu oder gebraucht? Zweifel über gebrauchte Fahrzeuge tauchen immer wieder auf und sind sehr relevant. Für bestimmte Fahrzeuge löst sich die Frage sofort zu Beginn, da die Option von Oldtimer-Vans die Möglichkeit des Kaufs eines Neuwagens ausschließt. Für Fahrzeuge, die immer noch hergestellt werden, können Sie zwischen neuen und gebrauchten wählen. Der erste Teil der Antwort auf diese Frage hat mit dem Umfang Ihres Geldbeutels zu tun. Wenn Sie die Möglichkeit haben, für ein neues Fahrzeug zu bezahlen, ist dies immer vorzuziehen. Vergessen Sie nicht, dass bei Street Food das Fahrzeug Ihre Hauptinvestition ist. Wenn es versagt, beeinflusst es direkt Ihre Verkaufsaktivitäten an die Öffentlichkeit. Andererseits müssen Sie darüber nachdenken, zu welchem Zweck Sie das Fahrzeug verwenden möchten. Haben Sie einen Anhänger für den Food Truck? Was denken Sie, wie viele Kilometer wird er sich jeden Tag fortbewegen?

Welche Erscheinung möchten Sie für Ihr Unternehmen? Um es anders auszudrücken, passt das Konzept zu einem Fahrrad, einem Dreirad, einem

Van oder gar zu einem Bus? Wollen Sie ein Konzept der Kundennähe und der persönlichen Interaktion, oder ziehen Sie es vor, nicht vor den Augen der Kunden zu kochen und so ein eher institutionelles Image zu gewährleisten? Die erste Option bietet Ihnen die Möglichkeit, ein unverwechselbares Erlebnis zu fördern, aber die zweite gibt Ihnen mehr Sicherheit, so dass Sie in der Lage sein werden, zu institutionalisieren und das Geschäft zu kontrollieren. Die Wahl liegt in Ihren Händen.

Wie viel Platz brauchen Sie? Wollen Sie Steak mit Pommes frites, Salat und einem Ei darauf servieren? Entscheiden Sie sich mindestens für einen Van! Um einen Teller zu servieren, müssen Sie Salat und Sauce richten, ein Steak braten, das Ei in der heißen Platte brutzeln und noch dazu eine Fritteuse für die Kartoffeln haben. Wenn Sie noch Platz für die Lagerung der Esswaren und für die Zubereitung der Getränke hinzufügen, werden Sie schnell erkennen, dass ein Fahr- oder Motorrad nicht genug Platz bietet. Betrachten Sie es so: Für ein Einzelprodukt oder ganz einfach zuzubereitende Gerichte entscheiden Sie sich für ein kleines Fahrzeug, für aufwendigere Speisekarten wählen Sie ein großes.

Welche Farbe sollte ich für meinen Food Truck wählen? Gute Frage! Das ist die Millionenfrage, deren Antwort ein unvermeidliches «Was eben passt» ist. Es hängt von Ihrem Unternehmen ab, dem von Ihnen verkauften Produkt, von der Farbe und dem Stil Ihres Logos, dem Geist der Marke, dem Ton des Marketings und, was sehr wichtig ist, dem Ort, wo Sie vorhaben zu arbeiten. Das Wichtigste ist die Übereinstimmung mit der Marke und der Kommunikationsstrategie des Unternehmens. Sie müssen gewährleisten, dass das Fahrzeug sich am Verkaufsstandort von der Umgebung abhebt. Farben wie Schwarz und Weiß sind gute Optionen für bestimmte Konzepte, die eine nüchterne Präsenz erfordern, wie etwa ein Catering für Veranstaltungen. Bei den meisten Projekten wird das Vorhandensein einer lebhaften Farbe ein Plus sein, anders als das, was Sie gewohnt sind, und was am Standort des Betriebs bereits existieren mag. Im Allgemeinen sind helle Farben wie Korallenrot, Aquablau und Mintgrün in Mode.

«Das Fahrzeug ist nicht genug. Dies ist nicht zu bestreiten. Das Produkt und der Unternehmer müssen herausragend sein. Wir beraten unsere Kunden dabei.»

Luís Rato
Gründer von *Kiosque Street Food*

Grundlegende Gedanken zur Erinnerung

- Ein Food Truck kann an jede Art von Unternehmen angepasst werden, auch wenn dieses nicht direkt mit der Gastronomie verbunden ist.
- Beim Entwurf des Food Trucks müssen Sie sicherstellen, dass er einen großen positiven Eindruck bei den Kunden hinterlässt.
- Halten Sie nach dem Fahrzeug Ausschau, das am besten zum Konzept passt, das Sie erstellen möchten.
- Lassen Sie sich nicht dazu verleiten, selbst eine Umarbeitung eines Food Trucks zu versuchen, oder nichtspezialisierte Handwerker dafür anzuheuern, um Kosten zu reduzieren. Die Food Trucks sind das wichtigste Element Ihrer Investition und unterliegen besonderen Rechtsvorschriften. Suchen Sie nach einem zertifizierten Partner, der sich damit auskennt.
- Genau wie andere Fahrzeuge kann Ihr Food Truck beschädigt werden oder defekt sein. Vergewissern Sie sich, dass der Verkäufer auch nach dem Verkauf einen ausgezeichneten Kundendienst für Reparaturen anbietet.
- Es gibt etliche Fahrzeuge, die an Street Food angepasst werden können. Überlegen Sie sich, welches am besten zu Ihrem Projekt passt. Machen Sie vor der Gestaltung des Food Trucks eine sorgfältige Erfassung der Geschäftsanforderungen. Überprüfen Sie den Lagerraum, den Raum für die Herstellung des Essens und die Art der benötigten Geräte.

wine
with a
view.
LISBOA

KENNEN SIE IHRE KUNDEN

«Zunächst war unser Ziel der ausländische Besucher, der den portugiesischen Wein nicht kennt und wünscht, ihn auf eine besondere Weise zu erleben. Die Erfahrung hat uns jedoch gezeigt, dass das Zielpublikum mit dem Standort des Food Trucks variiert.»

Bárbara Vidal
Wine With a View

Letztlich hängt Ihr Geschäftserfolg vom Willen der Kunden ab, Ihre Produkte zu kaufen. Es scheint etwas ganz Grundsätzliches zu sein, aber sicherlich haben Sie bereits Kontakt mit mehreren Firmen oder Unternehmern gehabt, die diese Grundregel scheinbar nicht verstanden haben. Wenn es die Kunden sind, die das Projekt ermöglichen und Ihren Lohn bezahlen, sollte deren Zufriedenstellung zuoberst auf Ihrer Prioritätenliste stehen. Das Interesse an den Kunden ist ein wichtiger Bestandteil des Geschäftsplans und der Versuch herauszufinden, wer sie sind, wo sie sind und was sie wollen, wird garantiert viel von Ihrer Arbeitszeit fordern.

Es gibt mehrere Möglichkeiten, Konsumenten in Gruppen einzuteilen und das Geschäftsziel zu wählen. Segmentierung, Targeting und Positionierung (kurz STP) ist ein alter Marketingansatz und wird weltweit verschiedentlich und oft eingesetzt. Kurz und bündig: Das STP-Modell wird Ihnen helfen, Ihre Kunden besser zu verstehen und die verschiedenen Leistungsversprechen, mit denen Sie sich an sie wenden, zu priorisieren. Nachfolgend wird dargestellt, wie Sie an jede Komponente herangehen sollten.

Segmentierung

Segmentierung meint die Aufteilung des Marktes in verschiedene Verbrauchergruppen. Diese Gruppen sollten im Kundenprofil der einzelnen Gruppe homogen und untereinander heterogen sein. Die Segmentierung muss die wichtigsten Merkmale des jeweiligen Marktes (oder Marktsegments) bestimmen und sollte auf der Grundlage der Besonderheiten Ihres Unternehmens durchgeführt werden. Sie können sicher nachvollziehen, dass eine Segmentierung für Street Food Kriterien verwendet, die sich auf die Ernährung und Lebensweise der Menschen bezieht und nicht beispielsweise auf Ihre Vorlieben bezüglich Autos oder Sportmannschaften.

Targeting

Nach der Aufteilung des Marktes auf eine für Ihr Geschäft sinnvolle Weise sollten Sie das kommerzielle Potential eines jeden Segments bewerten und eine oder mehrere Gruppen wählen, die das von Ihnen definierte Konzept am besten erfüllen. Bei diesem Schritt ist es wichtig, sich nicht von gewissen Details aus dem Marketing beeinflussen zu lassen. Wenn Ihr Geschäftskonzept nicht zu einem High-Class-Publikum und dem Luxus-Segment passt, ist das kein Problem. Denken Sie daran, dass alle Kundenprofile durch bestimmte Besonderheiten potentielle Verbraucher sind. Wählen Sie die Segmente, bei denen Sie in der Lage sind, den Wert dieser potentiellen Zahl zu erhöhen und den Betrieb auszudehnen, um aus dieser Option die maximale Rentabilität zu schöpfen.

Positionierung
Wenn Sie beim Schritt der Positionierung angekommen sind, sollten Sie bereits eine Vorstellung von der Art der Kunden haben, die Sie bedienen wollen. Studieren Sie die Eigenschaften eines jeden Kundenprofils, analysieren Sie die Geschmacksrichtungen, Vorlieben, Zeitpläne und Gewohnheiten. Mit all dieser Information können Sie eine Positionierung für die Marke entwickeln.

Entwickeln Sie einen detaillierten Plan, wie Sie die Leistungsversprechen jeder Kundengruppe präsentieren. Machen Sie einen Marketingplan, denken Sie über die Präsenz in den sozialen Netzwerken nach und über alle anderen Formen der Kommunikation mit dem Publikum, die Sie verwenden möchten. Sie werden auch ein Marketing-Mix-Konzept entwickeln müssen, das wir im Kapitel «Marketing für Street Food» genauer behandeln werden.

Der Einsatz von STP fördert den Fokus auf den Kunden und nicht den auf das Produkt. Obwohl dies kein neuer Trend ist, ist er eine der wichtigsten Entwicklungen im Marketing, die die Unternehmer mit einer größeren Bereitschaft versorgt hat, in der Lage zu sein, die Bedürfnisse des Marktes entdecken zu können. Das Ergebnis ist ein effizienterer kommerzieller Blickwinkel und die Fähigkeit, weniger Geld für auf das falsche Publikum ausgerichtete Werbeaktivitäten auszugeben. STP, kombiniert mit den technischen Möglichkeiten der digitalen Kommunikation, macht es möglich, Nischengeschäfte zu entwerfen, die die tatsächlichen Bedürfnisse einer rentablen Gruppe von Personen treffen – das ist von grundlegender Bedeutung für das Wachstum Ihres Food Trucks.

Wie wir auf den vorigen Seiten gesehen haben, ist Street Food eine Industrie, die eine Spezifizierung der Konzepte normalerweise belohnt. Alle Elemente eines Food Trucks, von der Ladekapazität bis zur Mobilität, stimmen damit überein, daher arbeiten Sie mit einer sehr präzisen und raffinierten Segmentationsstrategie. Wenn Sie zum Beispiel entscheiden, dass sich Ihr Konzept an vielbeschäftigte Führungskräfte mit wenig Zeit für das Mittagessen wendet, bietet Ihnen Street Food die Möglichkeit, ein Angebot zu entwerfen, das genau auf die Nachfrage für diese Art von Publikum abgestimmt ist.

Sich mit einem undifferenzierten Angebot an den Massenmarkt zu wenden bringt vor allem Ineffizienz. Diese Strategie verwenden bereits Cafés, Konditoreien und traditionelle Restaurants, die eine hohe Kapazität haben, allen Arten von Kunden und Bestellungen gerecht zu werden. Wie wir aber gesehen haben, hat ein Food Truck begrenzte Möglichkeiten in Bezug auf die Angebotskommunikation und auf den nutzbaren Stauraum für die Lagerung und Herstellung der Produkte. Spezialisieren Sie sich und seien Sie der Beste im Verkauf des ausgewählten Produktes. Nur dann werden Sie in der Lage sein, dem Kunden die versprochene Qualität zu liefern und effizient und effektiv bei der Verbreitung Ihrer Werbebotschaften sein.

Das ist auch die Strategie des Food Trucks *Nanda Brigadeiros*, der süße Pralinen der besten Qualität und einer unwiderstehlichen Optik anbietet. Unabhängig von der Kundensegmentierung, die Fernanda Faria für ihr Unternehmen vorbereitet hat, schafft die Vermarktung der Süßigkeiten eine sehr große Reichweite auf dem Markt, da sehr viele Kunden sie schätzen.

Alle von Ihnen analysierten Kundensegmente werden das gleiche Grundbedürfnis haben: Essen. Allerdings suchen verschiedene Verbraucherprofile unterschiedliche Angebote der Gastronomie. Touristen sind im allgemeinen sehr empfänglich für die typischen Spezialitäten der Region, wo der Food Truck in Betrieb ist. In diesem Segment, unabhängig vom Alter oder von sozioökonomischer Klassifizierungen, werden Sie immer richtig liegen, wenn Sie ihnen Backwaren aus der Region, Qualitätsweine aus Trauben vom Hügel nebenan oder Sandwiches mit Bauernschinken und speziellem Bergkäse anbieten. Genau so macht es *Tasca Itinerante*, die sich an einer Reisebusstation angesiedelt hat. Sie können beispielsweise auch das Vegetariersegment ausmachen, wenn Sie eine Analyse des Nahrungsmittelkonsums erstellen. Für dieses Segment ist das Angebot sowie auch die zu überbringende Nachricht offensichtlich. Wenn Ihre Segmentierung Sie darauf drängt, Kunden einer höheren Klasse zufriedenzustellen, müssen Sie eine andere Art von Faktoren berücksichtigen. Ein Gourmetprodukt, eine sorgfältigere Verpackung und ein Food Truck mit mehr Augenmerk auf Eleganz werden etwa wesentliche Punkte sein. Sie werden wenig Speisen servieren, können aber den Preis erhöhen.

Es gibt mehrere Möglichkeiten, den Markt zu segmentieren. Wählen Sie einfach die Varianten, die am besten zum Konzept passen, das Sie ins Leben rufen möchten, und wenden Sie sie auf eine zuverlässige, bevölkerungsbezogene Studie (wie eine Volkszählung) an.

Demografische Kriterien

Dinge wie Alter, Geschlecht, Gehalt, Bildungsgrad, Familienstand, Beruf, Wohnsitz oder Beschäftigungsort. Wählen Sie eines, mehrere oder sogar alle Kriterien, und definieren Sie, an welchem Profil Sie interessiert sind. Ein Food Truck für den Verkauf von Süßwaren wählt zum Beispiel Kunden im Alter von zehn bis sechzehn Jahren, die eine bestimmte Schule oder ein bestimmtes Ausbildungszentrum besuchen. Diese Kriterien, obwohl weithin für das Marketing verwendet, bieten allerdings nur wenige Informationen über die Kunden und sollten immer mit anderen ergänzt werden. Nicht alle Kinder, die die ausgewählte Schule besuchen, mögen Süßigkeiten, haben genug Geld oder die geeignete Genehmigung der Eltern, das Schulgelände zu verlassen.

Psychografische Kriterien

Diese Kriterien sind viel interessanter und reicher an Information als die vorherigen. Hier ist wichtig, die Persönlichkeiten und Gefühle der Kunden zu erkennen und ihr Verhalten in Bezug auf Kaufentscheidungen. Bei dieser Analyse wirken Faktoren wie moralische Einstellungen, Werte, Lebensstil, Hobbys, Persönlichkeit, Risikoscheue und Meinungsbeeinflusser mit. Es wird vorteilhafter sein, ein Geschäft rund um ein besonders erstrebenswertes Leistungsversprechen für Kaffeeliebhaber aufzubauen (wie ein Coffee Shop), als Ihr Produkt für die Altersgruppe von Menschen anzudenken, die täglich Kaffee trinken (was schließlich sehr weit verbreitet ist). Im ersten Fall haben Sie die Möglichkeit, eine globale Marke mit Millionen begeisterter Fans aufzubauen, im zweiten Fall versammeln Sie nur Passanten zu einem Nachbarschaftskaffee, weil Ihr Angebot dasselbe ist wie in jedem anderen Café auch. Starbucks weiß, welchem Kundenprofil sie dienen möchten und was die besten Kommunikationsstrategien sind, die angewandt werden müssen, um der Marke einen emotionalen Wert zu geben (die sammelbaren Tassen sind bereits ebenso oder fast noch wichtiger geworden als die Qualität des Kaffees).

Lebensstil

Die Mobilität der Street-Food-Industrie bringt ein neues Interesse an einer Segmentierung durch den Lebensstil. Sie können sich entscheiden, Kunden mit einem besonderen Hobby, Entertainment oder anderen Aktivitäten zu beliefern. Kein anderes Unternehmen gibt Ihnen die Möglichkeit, mehrere Strände mit einem konkreten Angebot, zum Beispiel für Surfer, zu bereisen.

Geografische Lage

Dies ist ein weiteres Kriterium, das auf Street Food angewandt besonders Sinn macht, da die Unternehmensmobilität es Ihnen ermöglicht, die Zielgruppe basierend auf den geografischen Standort zu verfolgen. Sie können Angebote für Kunden in Regionen erstellen, in denen die Umsetzung von Restaurants mit Ziegeln und Zement nicht möglich ist. Sie können sie neben einem Museum mit zahlreichen Besuchern, auf einem Messegelände oder einem Festival, in der Mitte eines Gartens oder in der Nähe einer Straße aufstellen. Den Möglichkeiten sind an dieser Stelle kaum Grenzen gesetzt.

Lebenszyklus

Das Leben besteht auf verschiedenen Zyklen, durch die wir alle gehen und in denen wir gewisse Verbraucherentscheidungen treffen müssen. Haben Sie einen Food Truck in Betracht gezogen, der sich auf den Verkauf von Mahlzeiten für Babys und Kleinkinder spezialisiert hat? Ich bin sicher, Sie würden eine lange Schlange von Eventorganisatoren haben, die Sie bitten, auf den wichtigsten Märkten und Messen zu sein. Nur die, die eine Elternschaft erlebt und ein kleines Kind haben, wissen über die logistischen Begleiterscheinungen jeglicher Aktivität im Freien Bescheid. Derjenige, der es fertigbringt, den Eltern das Herumtragen von Mahlzeiten und Geschirr für Babys für lange Stunden zu ersparen, findet sicherlich eine rentable Geschäftsmöglichkeit.

Diese fünf Kriterien erschöpfen nicht alle Möglichkeiten, bieten aber einen ausgezeichneten Ausgangspunkt für Street-Food-Projekte. Denken Sie an sie, bevor Sie sich für das Profil der Kunden entscheiden, die Sie beliefern möchten, und sie den Geschäftskriterien anpassen, die am besten für das Konzept des Food Trucks dienen. Nach der Auswahl auf der abstraktesten Ebene ist es an der Zeit, die beabsichtigte Planung zu erfüllen. Es gibt keine richtigen oder falschen Strategien, aber gewinnbringende oder unrentable Strategien. Der nächste Schritt wird Ihnen sagen, in welche Kategorie Sie passen.

Jedem Segment, das Sie erkennen, sollten Sie eine sogenannte kommerzielle Wertmessung beifügen. Wie ich bereits angedeutet habe, kann Ihr Konzept auf ein Luxussegment ausgerichtet sein, und das bedeutet weniger Absatzvolumen, aber eine höhere Rentabilität von jedem einzelnen verkauften Produkt. Das ist offensichtlich ein Ende der Skala. Am anderen Ende ist das Massengeschäft, dazu ausgerichtet, große Mengen von Produkten zu sehr niedrigen Preisen zu verkaufen. Analysieren Sie Ihr Konzept, das Produkt, das Sie anzubieten haben, und den Umfang der Operation, die Sie bewältigen können. Höchstwahrscheinlich werden Sie nicht an einem der Enden auf der Skala stehen, weil Ihnen Grundsatzvoraussetzungen fehlen. Gemeint ist damit einerseits eine bestehende Kundenbasis mit großen wirtschaftlichen Ressourcen, die Sie für luxuriöse Gastronomieveranstaltungen anheuern könnten, andererseits die finanziellen Mittel, um ein Team einzustellen und eine Reihe von Mitteln zu erwerben, die Ihnen einen Massenbetrieb im großen Umfang erlauben.

Street Food folgt dem Trend von Kleinbetrieben mit hoher Wertschöpfung, das heißt Unternehmen, die von einer oder zwei Personen geführt werden können und die sich dem Kunden mit einer Produktdifferenzierung vorstellen, die einen mäßig höheren Preis rechtfertigen. Durch den qualitativen Wert Ihrer Produkte bieten Sie Gerichte mit einem etwas höheren Preis als im traditionellen Handel an. Dieser kleine Unterschied ist aber ein fairer Preis für die Bequemlichkeit Ihrer Lage und die alternative Erfahrung, die Sie den Kunden bieten. Geben Sie Ihr Bestes, um den Strategien der Minderung des Verkaufspreises für die Masse nicht nachgeben zu müssen, weil dieser Ansatz die Gewinnspannen kaputtmacht und einen negativen Druck auf die Industrie verursacht. Konzentrieren Sie sich auf die Besonderheit Ihres Angebots, damit Sie nicht mit direkten Konkurrenten zu tun haben, die in Versuchung geraten, dasselbe Produkt zu einem niedrigeren Preis zu verkaufen. Street Food ist eine aufstrebende Industrie und genießt einen ausgedehnten Marktbereich für die Innovation. Haben Sie Spaß daran!

Die folgenden Faktoren helfen Ihnen, Ihre Segmentation einzuengen:

Größe

Stellen Sie sicher, dass der Markt groß genug für Sie ist, um ihn in Kundensegmente aufzuteilen. Eine Segmentierung ist nicht möglich oder uninteressant in zu kleinen Märkten. Street Food aber ist im allgemeinen ein riesiger Markt, wo sie sehr willkommen ist.

Unterschiede zwischen den Segmenten

Es sollte Unterschiede zwischen den Segmenten geben, und diese Unterschiede müssen gemessen werden können. Wenn Sie zum Beispiel nach Alter segmentieren, müssen Sie wissen, wie viele Personen etwa in den einzelnen Segmenten sind.

Finanzielle Leistungsfähigkeit

Was ist die finanzielle Leistungsfähigkeit der Einzelpersonen in den ausgewählten Segmenten? Stellen Sie sicher, dass die Leute über die finanziellen Mittel verfügen, das von Ihnen angebotene Produkt zu dem Preis zu kaufen, den Sie haben wollen. Es kann sein, dass niedrige Preise nicht kostendeckend sind oder nicht den erwünschten Gewinn einbringen.

Zugänglichkeit
Haben Sie direkten Zugang zum Zielpublikum? Ein Angebot nur für einflussreiche Firmenbesitzer kann ansprechend erscheinen, aber erwarten Sie nicht, dass diese Leute aus Versehen auf der Straße vorbeikommen, in der Ihr Betrieb operiert. Es ist wichtig, dass Sie die Möglichkeit haben, sich einfach und kostengünstig an die von Ihnen ausgewählte Zielgruppe zu wenden.

Leistungsversprechen
Bringt das aufgezeichnete Konzept den gewählten Kundensegmenten einen Mehrwert? Es ist eine riskante Strategie, einer von vielen zu sein, die versuchen, um die Aufmerksamkeit der mit Werbebotschaften überfluteten Verbraucher zu kämpfen. Wenn Sie Erfolg haben wollen, fügen Sie der Industrie einen einzigartigen Wert hinzu. Diese Frage ist direkt mit der Positionierung auf dem Markt verknüpft, die das Leistungsversprechen ist, das Sie dem Zielpublikum geben möchten. Wie wollen Sie vom Verbraucher wahrgenommen werden?

Entwickeln Sie Personae

Projekte mit wenig oder keinem Fokus auf den Kunden in der Marktforschung sind ein Fehler, der zu oft von Betrieben und Unternehmern weltweit gemacht wird. Schließlich ergibt es wenig Sinn, wenn Sie das beste Gadget der Welt entwickelt haben, wenn es nicht das ist, was der Verbraucher kaufen will. Es ist üblich, eine Menge Geld in die Entwicklung von Funktionen für Produkte und Unternehmen zu stecken, die die Kunden einfach nicht schätzen. Alle diese Ineffizienzen verzögern den Start von Projekten und reduzieren ihre Wettbewerbsfähigkeit.

Aus einer anderen Perspektive gesehen: Wenn Sie so viel Zeit in die Erforschung von Zielen und Zielgruppen gesteckt haben, warum ignorieren Sie all diese Arbeit, wenn Sie die übrigen Elemente des Geschäftsplans gestalten? Die mit der Marktforschung einhergehende Definition des Geschäftsziels sollte als Orientierungshilfe für die restliche Planung verwendet werden. Dies nennt man Marketing aus der Kundenperspektive. Es ist kein Problem, wenn Sie an dieser Stelle zurückgehen und das Konzept des Projekts neu aufschreiben, es ist sogar eine vernünftige Vorgehensweise, die Ihnen erlaubt sicherzustellen, dass Ihr Food Truck von denjenigen geschätzt wird, die Ihre Kunden werden sollen.

Die Entwicklung einer oder zweier sogenannter Personae wird Ihnen helfen, im Auge zu behalten, welche Eigenschaften Ihre Kunden von Ihnen erwarten und wie Sie diese kommunizieren sollten. Eine Persona ist ein Profil eines Kundentyps, das so umfassend sein sollte, dass es alle Einzelpersonen eines jeden Segments darstellen kann. Diese Übung erfordert, dass Sie in die Köpfe der Kunden eindringen und ihre Bedürfnisse, Wünsche, Frustrationen und Ängste erkennen. Sie sollten versuchen, Verhaltensweisen und Einstellungen vorauszusehen, die die Kunden in Bezug auf das Unternehmen beeinflussen könnten. Sie sollten eine Persona für jedes von Ihnen ausgewählte Segment entwickeln. Hilfsmaterial dazu finden Sie auf www.streetfoodbook.com, Passwort ilovestreetfood.

Demografische Daten

Was ist das Alter, das Geschlecht, die Ausbildung und der Beruf Ihrer typischen Kunden?

In welche Umgebung sind sie eingefügt?

Beschreiben Sie zusammenfassend, wer ihre Freunde und Familie sind, welcher Art von Marketing-Angeboten sie ausgesetzt sind, wie sie sich mit den Schwierigkeiten des täglichen Lebens identifizieren. Dieser Punkt dient Ihnen hauptsächlich dazu, den Lebensstil der Kunden zu erkennen.

Wie werden sie durch die Umgebung beeinflusst?

Überlegen Sie sich, welche Art von Meinungen und Marktentscheidungen ihre Freunde und Familie machen, wie diese Auswahl die Kunden beeinflusst und was die wichtigsten Kommunikationswege sind, die ihre Kaufoptionen ausmachen. Was sind ihre Träume und Sehnsüchte? – Erarbeiten Sie diese, und überlegen Sie sich, wie Sie mithelfen können, diese zu erfüllen (selbstverständlich so, dass es für Ihr Geschäft rentabel ist).

Wie verhalten sie sich in der Öffentlichkeit?

Versuchen Sie zu verstehen, wie sich die Verbraucher in der Öffentlichkeit verhalten, welche Art von Präsenz sie in den sozialen Netzwerken pflegen, welche Art von Produkten sie normalerweise empfehlen und wie sie dies machen. Denken Sie vor allem daran, wie Sie Kunden beeinflussen können, damit sie für das Geschäft werben.

Wie ist ihre Beziehung zum Risiko?

Es ist von entscheidender Bedeutung, vor allem für Street Food, die Ängste und Frustrationen der Kunden herauszufinden. Versuchen Sie zu verstehen, wie wichtig die Lebensmittelhygiene für das Zielpublikum ist, und lassen Sie die Tatsache, dass Sie einen Food Truck mit hohen Anforderungen an die Lebensmittelsicherheit führen, bekannt werden.

Wie ist ihre Beziehung zum Erfolg?

Finden Sie heraus, was Erfolg für Ihre Kunden bedeutet, und helfen Sie ihnen, ihn zu erreichen. Wenn es für ein bestimmtes Kundensegment ein Erfolg ist, ein Glas Sekt am Flussufer zu trinken, erwägen Sie, diese Art von Erlebnis anzubieten. Normalerweise sind wir bereit, für das, was unsere Erwartungen erfüllt, mehr zu bezahlen.

«Street Food bedeutet die Möglichkeit zu haben, Moët & Chandon zu trinken und einen Kaviartoast auf der Straße zu essen, ohne die Verpflichtung der Formalität eines Restaurants und zu einem erschwinglichen Preis.»

Luís Rato
Gründer von *Kiosque Street Food*

Wählen Sie die Zielgruppe durch die Konsummomente

Obwohl ich fest daran glaube, dass verschiedene Strategien sich gut ergänzen können, ist es eine Möglichkeit, die Zielgruppe für Ihren Food Truck durch die Spezialisierung auf bestimmte Konsummomente zu definieren. Das bedeutet, dass Ihr Konzept nur für bestimmte Zeiten passt, wie das Frühstück. Denken Sie an den Food Truck *Wine With a View*, der ausgezeichnete portugiesische Qualitätsweine serviert. Selbstverständlich nähert sich diese Segmentierung am ehesten dem Tourismusmarkt, da Arbeitern der Alkoholkonsum während ihrer Arbeitszeit normalerweise verboten ist.

Gehen wir einen Schritt weiter: Eine weitere Unterteilung innerhalb des Touristensegments wird wahrscheinlich aufzeigen, dass es ausländische Besucher sind, die von diesem Food Truck konsumieren, da die Preise bei stolzen 5 Euro pro Glas liegen. Kenner von portugiesischen Weinen sind sich gewohnt, die gleiche Art von Wein zu einem niedrigeren Preis zu konsumieren und fühlen sich deshalb nicht zum Projekt hingezogen. *Wine With a View* ist ein hervorragendes Beispiel für eine Segmentierung anhand von Konsummomenten.

Wenn Ihr Street-Food-Projekt zum Beispiel den Frühstücksservice in Erwägung zieht, wird die gesamte restliche Planung natürlich in die gleiche Richtung geleitet werden. Wahrscheinlich wollen Sie den Food Truck in der Nähe eines U-Bahnausgangs positionieren, und Sie werden als Zielgruppe die Mittelklasse anziehen wollen, die zu ihren Arbeitsplätzen fährt und über wenige finanzielle Mittel und kaum Zeit verfügt, diese Mahlzeit außer Haus zu sich zu nehmen. Obwohl dieses Beispiel eine Segmentierung durch den Konsummoment ist, ist bereits eine demografische Segmentierung impliziert, da nur ein bestimmtes Publikum die finanziellen Mittel hat, um regelmäßig außer Haus zu frühstücken. Bei einem Street-Food-Projekt sind beide Ansätze relevant und ergänzen einander. Wenn Sie sich für ein Modell allein entscheiden, beachten Sie: Fast alle Menschen essen zu Mittag, obwohl es nicht alle auf dieselbe Art und Weise tun. Folgende Momente sind die wichtigsten, die Sie mit Ihrem Food Truck abdecken können:

Frühstück

Frühstück zu servieren war schon immer eine wichtige Einnahmequelle für die traditionellen Gastronomiebetriebe. Bei Street Food ist dies immer noch ein Markt, den es zu erkunden gibt, aber es wird nicht mehr lange dauern, bis einige Unternehmer die Gelegenheit erkennen und die entsprechenden Konzepte hervorbringen. Arbeiter der oberen Mittelschicht, Einwohner der Vororte und Benutzer der öffentlichen Verkehrsmittel leiden morgens oft an Zeitmangel und haben Angst, zu spät ins Büro zu kommen. Normalerweise haben diese Menschen wenig Zeit, um das Frühstück zu Hause einzunehmen und empfinden die alternative Route, die sie gezwungen sind zu nehmen, um in ein Kaffeehaus oder eine Konditorei zu gelangen, als störend.

Food Trucks, strategisch platziert beispielsweise neben wichtigen Haltestellen der öffentlichen Verkehrsmittel, sind die ideale Lösung für dieses Marktproblem. Wenn Sie ein Projekt dieser Art starten wollen, sollten Sie dem Zeitmangel der Kunden besondere Aufmerksamkeit schenken. Sie sollten also eine Auswahl von wenigen Produktvarianten anbieten, die sofort mitgenommen werden können. Cappuccino, Orangensaft, Gebäck und Sandwiches sind gute Optionen, um sicherzustellen, dass Sie keine Zeit des Kunden vergeuden.

In diesem Fall bietet Ihr Betrieb vor allem eine schnelle und nahe Verfügbarkeit von passenden Produkten und nicht hochdifferenzierte Gourmetprodukte. Allerdings haben die Kunden die Möglichkeit, pünktlich bei ihren

Arbeitsstellen anzukommen. Glauben Sie mir, sie werden viel zufriedener mit diesem letzten Angebot sein, als wenn sie fünfzehn Minuten auf ein besonders frisches Croissant warten müssen, das erst noch fertiggebacken werden muss.

Ein sehr großer Vorteil des Frühstückangebots ist der geringe Betriebsbedarf des Unternehmens. Sie müssen nur einen guten Vorrat an verfügbaren Produkten sicherstellen und sie rasch zur Verfügung stellen können. Nach dem Frühstück können Sie einfach den Standort des Food Trucks ändern und das Angebot leicht anpassen, um während des ganzen Tages Snacks zu servieren und am Nachmittag leichte Speisen anzubieten.

Mittagessen

Das Mittagessen ist eine Mahlzeit, die einem Food Truck viel Gewinn bringen kann. Obwohl nicht alle Menschen das Frühstück außer Haus zu sich nehmen, ist die überwiegende Mehrheit der arbeitenden Bevölkerung gezwungen, das Mittagessen in der Nähe des Arbeitsplatzes zu sich zu nehmen.

Falls Sie Ihr Konzept auf diesen Konsummoment konzentrieren möchten, besorgen Sie sich am besten eine Genehmigung für ein Bürogebiet. Oft gewinnt derjenige, der dem Firmengebäude am nächsten liegt, und hier hat Street Food einen enormen Wettbewerbsvorteil. Arbeiter verfügen normalerweise nur über eine Stunde Zeit für das Mittagessen, und der Trend neigt sogar zur Reduzierung dieses Zeitraums. Um Mittagessen zu servieren, konzentrieren Sie sich also auf die Geschwindigkeit des Dienstes und auf die Substanz der Mahlzeit. Auch wenn Sie eine schnelle Lieferung des Produkts an den Kunden sicherstellen müssen, haben Sie etwas mehr Zeit zur Verfügung als beim Frühstücksservice. Der Kunde versteht, dass es ein paar Minuten dauern kann, bis seine Mahlzeit fertig ist. Die Speisekarte kann jetzt auch mehr Auswahl haben, und Sie müssen in der Lage sein, die Produkte rasch vor Ort zuzubereiten. Beim Mittagessen ist der Preis des Menüs wichtiger als alles andere. Sie verstehen bestimmt, dass Leute, die gezwungen sind, jeden Tag außer Haus Mittag zu essen, sich in den Ausgaben zurückhalten müssen. Erstellen Sie daher erschwingliche Pauschalmenüs, bieten Sie verschiedene Gerichte, damit der Kunde mehr als einmal pro Woche zu Ihrem Food Truck kommen kann, und bieten Sie Rabatte für Stammkunden an. Kundenkarten und spezielle Abkommen mit den umliegenden Betrieben sind sowieso sehr gute Marketingideen.

Snacks

Snacks kann der Kunde fast immer essen, es handelt sich vielleicht um den vielseitigsten Konsummoment von allen. Im Gegensatz zu anderen Mahlzeiten hat der Snack nicht wirklich einen bestimmten Zeitplan oder ein bestimmtes Menü. Ein Food Truck, der Fruchtsäfte und Schalen mit Obst verkauft, verfügt über ein Angebot an Snacks, aber auch einer, der süße und herzhafte Backwaren verkauft, kann diese Mahlzeit abdecken.

Wenn Sie Snacks anbieten möchten, haben Sie viel Freiheit, um neue Produkte und Konzepte zu erkunden. Sie können die Kundensegmente, die Sie beliefern möchten, frei auswählen, und Sie können sich überall einrichten. Zusätzlich zur zeitlichen Vielseitigkeit hat der Snack die Besonderheit, leicht mit dem Frühstück kompatibel zu sein und bietet Food Trucks, die diesen Konsummoment gewählt haben, eine zusätzliche Einnahmequelle. Da Sie auch dann in Betrieb sind, wenn viele Kunden abends wieder frei haben, haben diese keine großen zeitlichen Zwänge mehr, und Sie können sich für einen umfassenderen und persönlicheren Kundenservice entscheiden. Fordern Sie den Kunden auf, beim Anrichten zuzuschauen, und erklären Sie ihm die besonderen Elemente des Produkts. Wenn Sie ein kleines Fahrzeug auswählen, werden Sie einen klaren Wettbewerbsvorteil in diesem Bereich haben, und es wird Ihnen leichter fallen, die Kunden zu bedienen und beizubehalten.

Abendessen

Ein sehr wichtiger Moment ist das Abendessen! Es ist der weitaus ansprechendste Konsummoment für jeden Unternehmer, der Koch ist. Das Fehlen von Tageslicht ermöglicht es Ihnen, Vorteile aus der Beleuchtung des Food

Trucks zu ziehen und eine besondere Atmosphäre für die Kunden zu schaffen. Wenn Sie erwägen, am Abend in Betrieb zu sein, ist die Beleuchtung des Fahrzeugs einer der wichtigsten Punkte, die es bei der Gestaltung zu berücksichtigen gibt. Wer das Haus zum Abendessen verlässt, sucht in der Regel nach einem unverwechselbaren Umfeld und einer außergewöhnlichen Erfahrung. Ein ausgefeiltes Menü, eine gute, spezielle Qualität und ein Preis, der mit dem besonders guten Service mithält, ist das Erfolgsrezept für Street Food am Abend. Abendessen ist am teuersten, weil Kunden zu dieser Zeit des Tages bei diesem Faktor nicht so empfindlich sind. Versuchen Sie, sich in ansprechenden Bereichen zu platzieren oder strategisch im Umkreis der Bars der Stadt, um einen Wertzuwachs in Bezug auf das Angebot anderer Restaurants zu schaffen. Eine unverwechselbare Mahlzeit am Flussufer oder ein nettes Abendessen innerhalb der vier Wände eines traditionellen Restaurants, was würden Sie bevorzugen?

Andere Konsummomente

Zusätzlich zu den wichtigsten Konsummomenten gibt es andere, gleichermaßen gültige und gewinnbringende. Es gibt Marken, die ein Angebot bieten, das zu jeder Tageszeit und an jedem Ort konsumiert werden kann. Solche Konzepte reduzieren das Geschäftsrisiko drastisch, da sie eine stetige Nachfrage im Laufe des Tages haben, obwohl die Verkaufserträge niedriger sein können.

Wenn Sie eine Strategie dieser Art wählen, kann es sein, dass Sie einige logistische Probleme haben, deren Lösung wichtige Ressourcen verbrauchen wird.

Ein weiterer Konsummoment ist die Nacht, wenn die Kundennachfrage auf alkoholische Getränke gerichtet ist. Vielleicht ist es eine gute Geschäftsgelegenheit, dem Angebot der Bars vorzugreifen und einige spezielle Cocktails auszuschenken. Auf diesem Markt sollte bestimmt noch Platz für ein paar Konzepte sein!

Grundlegende Gedanken zur Erinnerung

- Der Geschäftserfolg hängt vom Willen der Kunden ab, Ihre Produkte zu kaufen.
- Der Kunde hat nicht immer recht, aber Sie sollten wenn immer möglich versuchen, ihn zufriedenzustellen.
- Konzentrieren Sie Ihr Unternehmen auf die tatsächlichen Bedürfnisse der Kunden, nicht das, was Sie glauben, was sie wollen.
- Machen Sie sich mit dem STP-Ansatz vertraut und entwickeln Sie einen kundenorientierten Geschäftsplan.
- Erstellen Sie Positionierungen, die die Kunden interessieren.
- Eine Nischenstrategie ist nicht besser oder schlechter als eine Massenstrategie. Es sind verschiedene Ansätze und sie sind gleichermaßen gültig, je nach Unternehmenskonzept.
- Demografische Segmentierungskriterien sind wichtig, aber schöpfen das Universum der Möglichkeiten nicht aus. Wann immer möglich, vertiefen Sie Ihr Wissen über die Kunden.
- Alles, was Sie in den Geschäftsplan stecken, sollte realistisch bemessen sein. Am Ende sind das Wichtigste die Auswirkungen, die Sie in den Finanzergebnissen des Unternehmens verursachen können.
- Entwickeln Sie detaillierte Personae, die die Unterscheidungsmerkmale der einzelnen Kundensegmente erfassen. Es ist einfacher, ein Produkt zu entwickeln, das Interesse in «Maria», einer 34-jährigen Führungskraft mit einer Vorliebe für biologisch hergestellte Säfte, hervorruft, als für das demografische Segment «25 bis 35 Jahre».
- Denken Sie an die Zeiten des Konsums, die Ihr Konzept abdecken kann, und leiten Sie daraus ab, welche Art von Kunden Ihr Angebot interessieren wird.

ERFAHRUNG IST **ALLES**

«In einem Restaurant ist es aufgrund der eingeschränkten Kommunikation mit dem Koch, oft mit einem Kellner dazwischen, nicht möglich oder durchführbar, die Gerichte den Kundenwünschen anzupassen. Auf meinem Motorrad frage ich den Kunden ständig, welche Zutaten er essen möchte.»

Marcelo Fontes Martins
100 % Saboroso

Bei *100 % Saboroso* zu speisen war die beste Street-Food-Erfahrung, die ich je hatte. Ich sage das nicht, weil das Produkt dieses Food Trucks besser ist als die anderen oder weil Marcelo aufmerksamer als seine Gefährten ist, sondern weil mir dieses Abendessen Zugang zu einem Erlebnis gegeben hat, wie ich es noch nie zuvor hatte. Fatima Lopes, Marcelos Mutter als die Verantwortliche für die Bestellungen und Zahlungen, begrüßt mich zu Beginn auf eine persönliche Art und Weise und fragt mich, wie ich mit dem Schreiben des Buches vorankomme. Dann hilft sie mir, das am besten geeignete Gericht für mein Kundenprofil auszuwählen und erklärt mir im

Detail die in jedem Gericht vorhandenen Zutaten. Marcelo, verantwortlich für die Zubereitung und den Service, rief mich näher an seinen Piaggio, so konnte ich beobachten, wie sorgfältig und gewissenhaft er die leckeren Kichererbsenburger zubereitet. Es geschieht nicht jeden Tag, dass man die Möglichkeit hat, die Arbeit eines Kochs genau zu verfolgen; ich näherte mich mit Riesenaugen. Als er mit dem Herstellen meines Burgers fortschritt, ließ mich Marcelo unter einigen Zutaten wählen, und ich konnte damit seine Schöpfung an meinen persönlichen Geschmack anpassen. Zu guter Letzt wurde dem Zahnstocher, der den Burger stützte, eine in einer speziellen Sauce getränkte Olive aufgespießt. Eine sublime Note, die meine Lust, diese absolute Gourmetdelikatesse zu probieren, anregte. Zusätzlich zu diesem Service war Marcelo sehr aufmerksam, da ich ein bereits bekannter Kunde war.

Es war für mich ein perfektes Gastronomieerlebnis, besser als 90% der Mahlzeiten, die ich in herkömmlichen Restaurants eingenommen habe. Das ist Street Food auf höchstem Niveau, und das ist das Muster, das befolgt werden sollte. In den vorangegangenen Kapiteln wurde die Bedeutung angesprochen, die die Kundenerfahrung in der Street-Food-Branche hat. So viele Abgrenzungsfaktoren ein Produkt haben kann und so hilfsbereit ein Verkäufer sein kann, sicherlich wird es Dutzende von Restaurants in der Umgebung geben, die direkt mit diesen Dingen konkurrieren. Diese herkömmlichen Betriebe haben einen großen Vorteil gegenüber Ihrem Truck, denn sie sind bereits Teil der verwurzelten Konsumgewohnheiten im Konsumverhalten. Während ein Food Truck eine Neuheit ist, der auf eine Erprobung wartet, neigt der Verbraucher dazu, Routinen und Muster des Konsums zu erstellen, daher können normalerweise jene profitieren, die die Gewohnheit beim Kunden bereits geschaffen haben.

Aber lassen Sie sich nicht entmutigen, es ist nicht alles verloren! Street Food ist ein sehr mächtiges Werkzeug mit einem Produkt, das kein anderes Unternehmen anbieten kann. Wenn Street Food richtig umgesetzt wird, kann es in der Kundenbindung zu Ihrem Vorteil sein. Denn das Kundenerlebnis ist das Hauptkriterium. Das Erlebnis, das Sie dem Kunden bieten, wenn er Ihre Produkte probiert, muss ausreichend stark und unverwechselbar sein, damit er eine sofortige Treue entwickelt. Ein Food Truck ermöglicht einen engeren Kontakt zwischen Unternehmer und Kunden und eine Personalisierung von Service und Produkt. Sie sollten diese Flexibilität bereits zu Beginn des Projekts sicherstellen und dafür sorgen, dass Sie viele Gegebenheiten haben, sie gegenüber dem Kunden zu fördern.

Sie werden überrascht sein, wenn ich Ihnen sage, dass Marcelo mir dieses fantastische Erlebnis schneller übermitteln konnte, als meine Freundin ein einfaches Sandwich von einem Food Truck der Konkurrenz erlangen konnte. Können Sie sich ihre Frustration vorstellen, als ich ihr von der Zubereitung meiner Mahlzeit für den gleichen Preis und mit weniger Wartezeit erzählte?

Street Food ist eine Evolution der Gastronomie. Als solche muss es Kunden mehr als nur die Bequemlichkeit des Standorts bieten. Mit den Methoden, die ich Ihnen bereits vorgezeigt habe, müssen Sie mehr Kundenwert schaffen als in der normalen Gastronomie üblich. Warum sollte jemand riskieren, ein einfaches Sandwich bei Ihrem Fahrzeug zu kaufen, wenn sich in Ihrer Nähe ein bekanntes Take-away befindet, das ein bereits vertrautes Produkt unter weithin bekannten und gesicherten Bedingungen verkauft? Die Verbraucher gehen nicht gerne Risiken ein, sie schätzen ihr Geld zu sehr, um es in Produkte mit unbekannter Qualität zu vergeuden.

Es liegt in Ihren Händen, diese Situation umzukehren. Zeigen Sie Einfühlungsvermögen, reden Sie mit den Leuten, und lachen Sie über deren Witze, bieten Sie Rabatte für Stammkunden, fördern Sie Kundentreueprogramme, erzählen Sie, wie Sie sich an den Start des Food Trucks erinnern, und zeigen Sie dem Verbraucher, wie das Gericht zubereitet wird, das er essen wird. Wenn Touristen um Erlaubnis bitten, ein Foto zu machen, reagieren Sie nicht ungeduldig, sondern ermutigen Sie sie, ein gutes Foto zu machen und es in den sozialen Netzwerken mit einem Hashtag zu teilen. Die Kunden bekommen so mehr als ein gutes Essen, und zwar eine gute Geschichte. Inspirieren Sie sie mit der berührenden Geschichte, wie Sie Ihr mobiles Unternehmen nach einer unerwarteten Kündigung begonnen haben, und laden Sie sie ein, sich einmal hinter das Lenkrad des Fahrzeugs zu setzen. Das ist Kundenerlebnis, und es ist diese Bereitschaft, ihnen ein gutes Gefühl zu geben. Und das wiederum bringt einen Wertzuwachs für das Unternehmen.

Haben Sie ein Dienstleistungsunternehmen? Machen Sie es greifbar!

Greifbarkeit ist das Schlüsselwort aller Marketingdienstleistungen und ein Anliegen, worum Sie sich kümmern müssen, wenn Sie einen Food Truck betreiben. Ein Service ist von Natur aus ein immaterieller Vermögenswert, das heißt, es ist etwas, das nicht sichtbar oder fühlbar ist. Nachdem Sie ein Produkt an einen Kunden verkauft haben, wird er wenige Minuten später nichts in der Hand haben, das ihn daran erinnert, wie schön es war, mit Ihnen Geschäfte zu machen. Dies ist beunruhigend, weil die Auswertung, die die Kunden in ihren Köpfen machen, nur von der Erinnerung einer vergangenen Zeit abhängt. Sie haben nichts, womit sie die Qualität des Service beweisen können.

Wenn Sie ein Kleidungsstück kaufen, wird Ihr Urteil darüber erst enden, wenn es beschädigt oder unbrauchbar ist. Dazwischen gibt es einen längeren Zeitraum, in dem Sie das Produkt prüfen und herausfinden können, wie es sich in den unterschiedlichsten Situationen verhält. Doch das Servieren von Essen verursacht kein Eigentumsrecht über einen Gegenstand, der lange besteht; das Essen wird erzeugt und gleich darauf verbraucht. Daher sollten Sie versuchen, Kunden mit objektiven Beweisen zu versorgen, welche die Qualität bestätigen, die Sie ihnen zu bieten haben. Diese Liste enthält die Aufmachung des Food Trucks, die Hygiene und die Sauberkeit, die Freundlichkeit und der Respekt der Mitarbeiter, die Qualität der Geräte und Einhaltung von Marketingversprechungen.

Bárbara Vidal entwickelte auf diese Weise eine brillante Strategie. Das größte Problem für Sie war, die idealen Gläser für die Verteilung ihrer Weine zu finden. Doch bei der Recherche fand sie eine geniale Lösung, die gleichzeitig dazu diente, den Kunden etwas Langfristiges mitzugeben. Dafür musste sie nur unzerbrechliche Acrylbecher finden, die perfekt ein Weinglas simulieren, ihr Markenlogo darauf drucken lassen und sie dann zusammen mit dem Wein an die Kunden verkaufen. «Eine der fantastischsten und unerwarteten Momente war, als ein Kunde zurückkam, um ein weiteres, leeres, Glas zu kaufen, mit der Begründung, dass es auf seiner Yacht gut aussehen würde», erinnert sich Bárbara. Sie eliminiert somit gleichzeitig ihre Kosten für Einwegbecher, schafft ein neues Einkommen für das Unternehmen und bietet allen Kunden eine greifbare Erinnerung.

Mário Henriques, Gründer von *Vespa Gourmet*, hebt die Bedeutung der Hygiene hervor. Dies ist eine weitere Art, um den Verbrauchern eine Reihe von objektiven Beweisen zur Verfügung zu stellen, dass es sich um einen Qualitätsbetrieb handelt.

Natürlich müssen Sie auch auf Homogenität in jeder möglichen Art achten. Da sich Street Food auf die Kundenerfahrung stützen sollte, werden Maßnahmen notwendig sein, die sicherstellen, dass sich diese Erfahrung in der gleichen Art und Weise jeden Tag wiederholen kann. Wechseln Sie nicht täglich das Menü, das Design oder die Zubereitungsart. Überlassen Sie den Wettbewerbsvorteil des Unternehmens dabei aber nicht dem guten Willen Ihrer Mitarbeiter. Erstellen Sie Standards, schulen Sie sie und kontrollieren Sie die Qualität der Arbeit. Sie sollten gleichzeitig Dinge wie die Umgebung, den Verkehr, die Wetterbedingungen berücksichtigen und auf die Sauberkeit der Straße neben Ihnen achten.

Grundlegende Gedanken zur Erinnerung

- Ein sich von anderen unterscheidendes Produkt zu haben, ist nicht genug für ein erfolgreiches Unternehmen in der Street-Food-Branche.
- Das Betreiben eines Food Trucks beinhaltet, dass Sie einen Service für den Kunden bereitstellen, der aus der Zubereitung einer Mahlzeit und deren Aushändigung an den Endverbraucher besteht. Sorgen Sie dafür, dass dieser Vorgang immer in der gleichen Weise stattfindet und gemäß einem Qualitätsstandard.
- Wenn Sie einem Kunden eine Mahlzeit servieren, schaffen Sie eine Erinnerung in seinem Kopf. Bemühen Sie sich, dass diese von unbestrittener Qualität ist.
- Die Erinnerung des Kunden ist extrem wichtig, da er nach dem Verzehr der Mahlzeit kein Eigentumsrecht gewinnt. Machen Sie irgendetwas greifbar, um dem Kunden überzeugende Beweise zu vermitteln.
- Vergessen Sie niemals, dass Sie ein Straßengeschäft betreiben, bei dem die Verbraucher dazu neigen, sich erst einmal unsicher zu fühlen, da sie es noch nicht kennen. Die Hygiene des Food Trucks und alle Qualitätsbeweise, die Sie finden können, sind Ihre höchste Priorität!

51
Cachaça
Brazil
FINEST QUALITY
HV-77-16

MARKETING FÜR **STREET FOOD**

«Achten Sie auf das Branding des Unternehmens: Eine einfache Änderung des Produktnamens von *Veggieburger* auf *Handgemachter Burger* war genug, um den Vorrat auszuverkaufen.»

Luís Rato
Gründer von *Kiosque Street Food*

Sicherlich haben Sie davon gehört, dass es noch nie so einfach gewesen ist, Unternehmen ins Leben zu rufen und neue Projekte zu starten. Dies hat Unternehmer aus der ganzen Welt dazu inspiriert, eigene Geschäfte auf die Beine zu stellen, die ihnen in vielen Fällen ein Einkommen gebracht haben, das kein Job als Angestellter jemals bieten könnte.

Der Grund dafür ist, dass die Entwicklung des Internets die Entstehung zahlreicher Telearbeit-Tools begünstigt hat, die einem Unternehmer erlauben, den Betrieb von überall auf der Welt aus zu verwalten. Heutzutage braucht man nur ein paar Stunden, um ein Facebook-Konto zu eröffnen, eine einfache Website zu erstellen und sein Angebot so auf den Markt zu bringen. Der

Kontakt mit den Kunden besteht damit so gut wie sofort, und es besteht sogar die Möglichkeit, Dinge zu verkaufen, die noch nicht einmal hergestellt worden sind. Technische Hilfsmittel wie E-Mail, Newsletter, soziale Netzwerke, Suchmaschinen, Website-Vorlagen, Rabattcoupon-Dienste und in jüngster Zeit Crowdfunding erlauben es, ohne großes Anfangsinvestment und fast ohne Risiko umwälzende Geschäftsideen zu testen. Die Risikominderung ist dabei ausschlaggebend.

All diese aktuellen Trends fördern eine schnelle und kostengünstige Marktsondierung. Wo es in der Vergangenheit notwendig war, das gesamte Projekt aufzustellen und eine große Summe Anfangskapital zu investieren, machen Sie heutzutage eine Online-Simulation und testen, ob die öffentliche Akzeptanz erwartungsgemäß ist. Natürlich funktioniert dies hauptsächlich für Unternehmen, die Produkte oder Dienstleistungen anbieten, die erst nach der Zahlung des Kunden geliefert werden. Das ist eine Vorgehensweise, die schlecht auf die Gastronomiebranche angewendet werden kann, da es nicht möglich ist, eine Online-Simulation dafür zu machen. Die Leute bilden sich ihr Urteil erst, wenn sie vom Essen probiert haben. Vielleicht bleibt es beim einmaligen Versuch – vielleicht kommen sie wieder. Das kann online nicht simuliert werden.

Street Food macht dies etwas einfacher. Wenn Sie eine gastronomische Geschäftsidee haben, aber wegen der Kosten zögern, darin zu investieren, starten Sie ein Street-Food-Projekt. Das ist viel günstiger. Denken Sie sich eine Marke aus, werben Sie für sich selbst in sozialen Netzwerken, und gehen Sie mit einem Food Truck auf die Straße. Sie werden in der Nähe der Menschen sein, Sie hören ihre Wünsche direkt, und als Bonus für diese Probezeit werden Sie im besten Fall Profit machen und einen Kundenstamm aufbauen. Und vielleicht macht Ihnen das Ganze so viel Spaß, dass sie gar nicht mehr daran denken, ein Restaurant zu eröffnen, und stattdessen beim Street Food bleiben. Und wenn etwas schiefläuft, haben Sie zumindest weniger als die Hälfte der Investition in das Projekt verpulvert.

Die Bedeutung der Marke

Als ich Tim Vieira, der als Geldgeber bereits in verschiedene Street-Food-Projekte investiert hat, fragte, was er in Street Food sehe, antwortete er mir: «Die Menschen bemühen sich, Lizenzen zu erhalten, bemühen sich auf Veranstaltungen zu sein, kämpfen richtiggehend darum, ihren Food Truck zu erhalten. Das ist es, was ich mag, wenn ich in eine Industrie investiere, weil ich sehe, dass ich einen wichtigen Beitrag an begeisterte Leute beisteuern kann.» Vieira weiß, dass er ein Mehrwert für die Projekte ist, in die er investiert, weil er sich bewusst ist, dass sein inzwischen erworbenes Know-how und sein Kontaktnetz ein Mehrwert ist für die Unternehmer, mit denen er Partnerschaften eingeht.

Ich fragte ihn auch nach der Geschäftsstrategie, die er «seinen» Projektträgern empfiehlt. Ich wollte vor allem sehen, wie er die Street-Food-Industrie wahrnahm, also wo er dachte, dass es mehr Gewinnpotential geben kann, und wo die besten Möglichkeiten sind, sich dem Markt zu nähern. «Street Food ist ein hartes Geschäft, es reicht nicht nur, ein Fahrzeug zu kaufen und irgendetwas anzubieten.» Er erzählte mir, dass er einen großen Teil seiner Investitionsbeteiligung an den Unternehmen durch die Bereitstellung von Kontakten für die Teilnahme an Festivals und Veranstaltungen wieder einbringe. Es seien diese Gelegenheiten, bei denen die Food Trucks die meisten Gewinne erzielen. Allerdings sagte er, dass die Veranstaltungen nicht genug seien, um ein nachhaltiges Unternehmen zu garantieren, weil sie nur unmittelbare Erträge bieten. Sie können dabei helfen, das notwendige Einkommen für das Geschäft zu gewährleisten, geben ihm aber keine langfristigen Perspektiven.

Dafür müssen Sie täglich auf der Straße sein, mit der Zielgruppe in Kontakt stehen, nach und nach zu einem Teil ihrer Konsumgewohnheiten werden. Dies nennt man «Markenentwicklung». «Die Marke ist das, was Wert hat», sagte mir Vieira mit Überzeugung. Die Geschichte deckt sich mit der Aussage von Carlos Relva, Partner von *Frua*, der sagte, dass er die Entwicklung der Marke über jeden anderen Aspekt des Unternehmens setze, sogar über die kurzfristige Rentabilität. In der Praxis kann diese Strategie dazu führen, dass Sie bestimmte Veranstaltungen und Standorte auf der Straße bewusst nicht besuchen oder dass Sie zusätzliche Investitionen in die Kommunikation und höhere Betriebskosten stecken müssen, damit Sie so lange wie möglich geöffnet haben. Tim Vieira weiß, dass es die Entwicklung der Marke ist, die eine Langfristigkeit bieten kann und die Sie klar von der Konkurrenz unterscheidet. Täglich auf der Straße zu sein, kann die Fans für Ihre Marke begeistern, und damit bilden Sie eine Gemeinschaft von aktiven und mitwirkenden Anhängern, die bereit sind, Ihre Produkte Freunden zu empfehlen und Ihre Aktivitäten auf den sozialen Netzwerken zu verfolgen. Welche Art von Marke möchten Sie für Ihren Food Truck erschaffen?

Marketing-Mix!

Wir kommen zum berühmten Marketing-Mix oder zu den vier Ps des Marketings. Das ist ein Tool, das Ihnen eine ganzheitliche Sicht auf das Unternehmen gibt und bei seiner Planung hilft. Die vier Ps beinhalten Product (Produkt), Price (Preis), Placement (Vertrieb) und Promotion (Kommunikation). Zu diesen vier traditionellen Variablen müssen Sie vier weitere hinzufügen, weil Sie ein Dienstleistungsgeschäft planen: People (Personal), Processes (Prozesse), Physical Evidences (Ausstattung) und Productivity (Produktivität). Ich will nicht lange bei diesem Punkt verweilen, denn das ist nicht der Zweck dieses Buches, und es gibt bestimmt viele andere Bücher, die das besser erklären können.

Produkt

Bringen Sie sich das Konzept, das Sie sich vorgestellt haben, in Erinnerung, und entwickeln Sie Produkte, die auf diese Strategie ausgerichtet sind. Denken Sie dabei an die Zielgruppe, die Sie ausgewählt haben, und machen Sie einige Markttests, um zu sehen, ob Sie ein Produkt anbieten, dass von den Kunden geschätzt wird und in ausreichenden Mengen vorhanden ist (denn verschiedene Kundenprofile suchen verschiedene Mengen an Nahrung).

Preis

Setzen Sie einen angemessenen Preis für das Produkt, das Sie der von Ihnen ausgewählten Zielgruppe anbieten. Bei Street Food ist es eine normale Preisstrategie, mit etwas höheren Preisen als die traditionellen Restaurants komplette Mahlzeiten anzubieten. Passen Sie diese Frage immer den Verbrauchsmomenten an, die Sie versuchen abzudecken (erinnern Sie sich etwa an die Einschränkungen beim Mittagessen!) und berücksichtigen Sie, dass es im allgemeinen gut ist, nicht zu niedrige Preise zu setzen, weil das Ihre Gewinnspanne und die Zukunftsfähigkeit der gesamten Branche abwürgt. Ein letzter Tipp: Setzen Sie den Preis auf der Grundlage des Nutzens des Mehrwerts, den Sie den Kunden anbieten, nicht auf die Zeit, die es braucht, um jedes Gericht zuzubereiten.

Vertrieb

Bestimmen Sie den Verkaufsort, machen Sie eine sorgfältige Planung der Veranstaltungen, an denen Sie teilnehmen möchten und erstellen Sie Standards für die termingerechte Produktlieferung. Denken Sie daran, dass Sie ein mobiles Unternehmen haben, das den Trends der Verbraucher folgen kann, aber erstellen Sie detaillierte Berichte über die Kosten jeder zusätzlichen Lizenz.

Kommunikation

Sie beginnen ein Unternehmen in einer sich ständig weiterentwickelnden Industrie. Sie müssen die Verbraucher erziehen und Sie in die neue Realität der mobilen Gastronomie einführen. Vielleicht wird Ihnen der Pionierstatus zusätzliche Arbeit bringen, aber eine gute Kommunikationsstrategie kann Ihnen Wurzeln im neuen Markt wachsen lassen und Sie weniger angreifbar gegenüber der Konkurrenz machen. Entscheiden Sie sich hauptsächlich für kostenfreie Hilfsmittel (wie soziale Netzwerke), aber streben Sie danach, eine professionelle und regelmäßige Pflege aufrechtzuerhalten. Machen Sie also digitale Marketingpläne und überwachen Sie Ihre Fortschritte. Vergessen Sie nicht, dass, obwohl die großen sozialen Netzwerke Ihnen nichts für Ihre Firmenseite berechnen, eine gute digitale Marketingstrategie nicht unbedingt kostenlos ist. Erwägen Sie etwa, bezahlte Anzeigen zu schalten, um ein breiteres Publikum zu erreichen. Wenn Sie Hilfe brauchen, engagieren Sie jemanden, der für Social Media verantwortlich ist.

Personal

Es ist sehr schwierig, mit Personal korrekt umzugehen. Diese Schwierigkeit erhöht sich für Dienstleistungsunternehmen, weil es in Ihrer Verantwortung liegt sicherzustellen, dass die Kunden immer die gleiche oder gar eine bessere Erfahrung bei Ihrem Food Truck haben. Dies ist die Konstanz, über die ich bereits vorher gesprochen habe, also etwas Grundsätzliches, um den Betrieb zu professionalisieren. Erstellen Sie Muster und Wege, um die Leistungen der Mitarbeiter angemessen zu bewerten. Seien Sie aber fair. Verwenden Sie diese Überwachung, um etwa zusätzliche Schulungen für Mitarbeiter zur Verfügung zu stellen und nicht um sie zu entlassen oder ihren Lohn zu kürzen.

Prozesse

Sie werden ein Geschäft mit großen betrieblichen Anforderungen betreiben. Sie müssen den Food Truck jeden Tag beliefern, reinigen, transportieren und aufstellen. Street Food beinhaltet eine Menge an operativer Planung, weil Sie wahrscheinlich Ihre Aufmerksamkeit zwischen dem Fahrzeug und dem Basislager teilen müssen. Entwickeln Sie eine Routine, planen Sie alternative Vorgehensweisen, finden Sie Lieferanten und Geschäftspartner mit viel Flexibilität in der Produktion und der Zustellung. Vor allem: Automatisieren Sie, so viel Sie können.

Ausstattung
Perfektionieren Sie das Erscheinungsbild des Food Trucks und damit auch seine Reinigung. Sie werden den Kunden beweisen müssen, dass sie sich um die Qualität Ihrer Produkte keine Sorge machen müssen. Investieren Sie in Uniformen für die Angestellten, entwerfen Sie eine gute Verpackung, und stellen Sie Flyer mit einem schicken Layout und mehr Information über Ihr Unternehmen zur Verfügung. Alles, was die Qualität des Food Trucks unter Beweis stellen kann, ist kein Aufwand, sondern eine Investition.

Produktivität
Die goldene Regel für Ihren Food Truck lautet: viel Qualität, wenig Wartezeit. Niemand mag lange warten, um etwas zu bekommen – egal wie toll es ist. Finden Sie Wege, damit Sie mehr Kunden in kürzerer Zeit bedienen können, ohne an Qualität zu verlieren, und Sie werden Ihre Einnahmen und die Zufriedenheit der Kunden erhöhen.

Wo sollten Sie für Ihre Marke werben?

Derzeit sind die institutionellen Kommunikationsmöglichkeiten immens und von vielfältiger Natur. Vorausgesetzt, dass Sie Ihren Food Truck alleine oder mit einem kleinen Team starten, wird es eine Herausforderung sein, die besten Kommunikationskanäle für die Marke zu wählen. Geben Sie sich aber bei der Planung dieses Themas große Mühe, denn obwohl es zahlreiche Kommunikationstools kostenlos im Internet gibt, heißt das nicht, dass keine Kosten anfallen, um Ihre Präsenz aufrechtzuerhalten. Sie müssen auch nicht auf allen möglichen Blogs und Kanälen einen Account einrichten.

Beginnen Sie mit der Entwicklung einer einfachen Website, die Ihr Konzept vorstellt und die nicht viel Zeit für die tägliche Verwaltung in Anspruch nimmt. Fügen Sie eine kurze Beschreibung der Unternehmensphilosophie, die Standorte, wo Sie normalerweise operieren, die direkten Ansprechpartner und mehrere Bilder des Food Trucks ein. Stellen Sie ebenfalls Links zu sozialen Netzwerken und ein Registrierungsformular für den Newsletter zur Verfügung.

Der Newsletter ist nämlich das zweite digitale Tool, das Sie entwickeln sollten. Bauen Sie eine gute E-Mail-Datenbank auf und pflegen Sie diese regelmäßig. Überlegen Sie sich Wettbewerbe, Sonderangebote und andere Taktiken, die es Ihnen ermöglichen, mehr und mehr Kontakte zu erfassen. Diese Adressen dienen dann dazu, den Newsletter zu übermitteln, der die wichtigsten Neuheiten des Food Trucks, die erreichten Ziele, die zu überwindenden Herausforderungen enthalten sollte. Es ist eine gute Möglichkeit, um die Kundenbindung an die Marke aufzubauen. Sie rufen sich damit immer wieder in Erinnerung. Indem Sie im Newsletter unschlagbare Angebote wie etwa Essensgutscheine anbieten, erhöhen Sie die Rentabilität des Projekts. Vergessen Sie nicht, dass es einfacher und kostengünstiger ist, bestehende Kunden zu einem weiteren Kauf zu bringen, als neue zu gewinnen.

In diesem Sinne sind auch Networking und die Suche nach Partnerschaften mit anderen Food Trucks oder passenden Firmen wichtig. «Ich bin immer auf der Suche nach guten Partnerschaften und glaube, dass ich neue Kunden gewinne, wenn ich mein Produkt zu neuen Leuten bringe und sie es genießen», meint Fernanda Faria vom Food Truck *Nanda Brigadeiros*.

Wie sollten Sie in sozialen Netzwerken kommunizieren?

Sie werden schnell verstehen, dass der Start und der Betrieb eines Mikrounternehmens die Investition eines Kapitals erfordert. Das beinhaltet den Kauf von Geräten, Lizenzen, Vorräten, Zutaten und anderen notwendigen Ausgaben wie die Mitarbeiterlöhne. Unweigerlich werden Sie merken, dass das Budget für die Werbung des Food Trucks nicht sonderlich groß ist. Vielleicht wird das Marketing sogar eine Aktivität, die Sie immer wieder verschieben werden.

Dies liegt daran, dass trotz der immensen Einrichtungen, die das Internet auf der Kommunikationsebene gebracht hat, der gesunde Menschenverstand digitaler Werbung immer noch skeptisch gegenübersteht. Der Trend geht in Richtung Überbewertung der sogenannten traditionellen Werbung. Die Unternehmer möchten lieber eine Anzeige in einer großen Zeitung, einen Spot im Radio oder sogar Flyer zur Verteilung auf der Straße. Wenn man die Kosten für solche Art von Werbung kennt, stellt sich rasch ein Gefühl der Frustration ein, welches jegliche andere Art von Marketing hemmt. Diese Unternehmer entscheiden sich oft nur für eine bescheidene Onlinepräsenz. Fragen Sie sich selbst: Welchen Sinn hat es, eine Facebook-Seite und eine Website zu erstellen, wenn Sie nicht die Absicht haben, Ihre Produkte damit zu fördern und zu verbreiten? Das Internet ist eine riesige Welt, in der es extrem schwierig ist, zufällig auf Seiten zu gelangen. Der Algorithmus von Suchmaschinen und sozialen Netzwerken belohnen Seiten mit viel Aktivität und geben damit Seiten mit häufigen und gut ausgeführten Updates Priorität. Wenn Sie für Ihre digitale Präsenz keinen gut gestalteten Werbeplan haben und kein durchdachtes Budget, um die Seiten online anzupreisen, sollten Sie auch keine großen Ergebnisse erwarten.

Wenn Sie einen Food Truck starten, überlegen Sie sich besser von Anfang an, wie Sie für das Geschäft werben werden, und weisen Sie dieser Aktivität ein spezifisches Budget zu, auch wenn es kein großes ist. Es ist ein Fehler, mit dem Marketing zu warten, bis Sie genug Geld haben, um eine traditionelle Werbekampagne zu starten. Sie sollten in erster Linie über den reellen Nutzen nachdenken, die eine traditionelle Marketing-Strategie für Ihr Geschäft hat. Werbung in Zeitungen, Fernsehen und Radio sind extrem teuer und gezielt auf Produkte für den Massenkonsum ausgerichtet. Selbst wenn Sie genug Geld haben, um sich eine Zeitungsanzeige zu leisten, berechnen Sie die Einnahmen, die sie bringen wird. Wie viel Essen müssen Sie verkaufen, um das Geld für das Inserat wieder einzunehmen? Im allgemeinen erreichen Sie durch die Anzeige nicht genau Ihr Zielpublikum, da sie auf viele Menschen einwirkt, die kein Interesse oder keine Zeit haben, den

Food Truck zu besuchen. Der Streuverlust ist also relativ hoch und lohnt sich meistens nicht.

Möchten Sie eine Strategie für das Werbebudget, die lohnender ist? Setzen Sie auf die sozialen Netzwerke, investieren Sie in die Werbemöglichkeiten von Facebook und Google. Mit nur zwei Stunden pro Tag und ein paar Franken pro Monat werden Sie viel effektiver mit den Kunden kommunizieren können und werden viel einfacher Einfluss auf Ihren Umsatz haben.

Üblicherweise ist dies der Weg, den Street-Food-Unternehmer verfolgen. «Für Marketing nutzen wir die sozialen Netzwerke ziemlich stark, und zwar Facebook und Instagram. Sie sind optimale Verbreitungs- und Analysetools für unser Zielpublikum. In diesen sozialen Netzwerken können die Menschen durch das Einstellen von Fotos und Aussagen miteinander kommunizieren, und dieser Faktor ist fundamental», erklärte mir Mónica Santos, Gründerin des Food Trucks *Maria Limão*. Sie hat zusätzlich zu den vorher erwähnten Seiten auch eine Website für ihren Truck. José Borralho, Vizepräsident der *Associação de Street Food Portugal*, bestätigt diese Ansicht und hebt die sozialen Netzwerke als besonders wichtig für den Erfolg der Food Trucks hervor. «Die Unternehmen überleben durch die Präsenz auf Veranstaltungen. Diesbezüglich sind die sozialen Netzwerke sehr wichtig, um die Fans wissen zu lassen, wo sie zu finden sein werden.»

Doch weil soziale Netzwerke einfach zu bedienen und gratis sind, können sie auch eine Gefahr für diejenigen sein, die kein ernsthaftes Engagement dafür aufbringen möchten. Genauso wie eine gut geführte Facebook-Seite die Einnahmen eines Food Trucks erhöhen können, können Sie auch das Gegenteil erleben, wenn die Seiten ohne einen konkreten Plan erstellt werden.

Zuallererst müssen wir uns also den Risiken bewusst sein, denen ein Unternehmen durch die Selbstdarstellung in den sozialen Netzwerken ausgesetzt ist und Möglichkeiten finden, diese zu minimieren. Seien Sie sich bewusst, dass alle Probleme, die auftreten können, in den sozialen Netzwerken automatisch besprochen werden und letztendlich das Geschäft zerstören können. Um dieses Problem zu vermeiden, ist es wichtig, immer freundlich und aufmerksam zu den Kunden zu sein, sowohl online wie auch offline. Wenn ein Kunde sich dafür entscheidet, einen weniger erfreulichen Kommentar auf Ihrer Seite zu hinterlassen, versuchen Sie mit ihm zu reden, zu verstehen, was der Grund für seine Unzufriedenheit ist, und versuchen Sie ihn irgendwie zufriedenzustellen.

Obwohl Ihnen Facebook keine Gebühr für die Aktivierung und das Betreiben Ihrer Seite berechnet, wird der Inhalt erst einen wesentlichen Anteil der Kunden erreichen, wenn Sie die bezahlte Werbung dieser Plattform nutzen, da schätzungsweise nur 10% der Fans Ihrer Seite den Inhalt sehen. Stellen Sie sich vor, dass Ihre Seite 1000 Anhänger hat (das ist eine angemessene Anzahl für ein kleines Unternehmen in der Wachstumsphase) – nur 100 Menschen sehen Ihre Veröffentlichungen. Da ist noch viel mehr Potential vorhanden.

An Social Media ist interessant, dass die Ergebnisse unmittelbar im Zusammenhang mit dem Engagement und der Investition stehen, die wir bereit sind zu geben. Lassen Sie uns einige Möglichkeiten ansehen, eine Seite so gut wie möglich zu machen. Dies natürlich mit dem wichtigen Vorbehalt, dass es kein eindeutiges Rezept für Erfolg gibt.

Messung

Die Aktivität auf sozialen Netzwerken sollte gleich wie jeder andere Aspekt des Unternehmens behandelt werden. Es ist eine Investition, und als solche muss ihr Erfolg gemessen werden und Einkommen erbringen. Ebenso wie Sie abschätzen, ob die Teilnahme an einer bestimmten Veranstaltung bezüglich der Einnahmen rentabel war, sollten auch die Verwaltungskosten für Facebook & Co. ein konkretes und klares Ergebnis bringen.

Planung

Wie alles, was Sie in Ihrem Geschäft tun, sollten auch die Netzwerkaktivitäten konsequent geplant werden, bevor sie online gehen. Einer der großen

Fehler, die Unternehmer in diesem Bereich machen, ist den Inhalt auf ihren Seiten dem Zufall zu überlassen. Setzen Sie sich Ziele und erstellen Sie konkrete Inhalte, um sie zu erreichen. Wenn Sie zum Beispiel die Verkäufe an einem bestimmten Tag erhöhen möchten, machen Sie eine Facebook-Kampagne, die Ihren Fans Rabattcoupons anbietet. Am Ende dieser Kampagne zählen Sie die Anzahl der verwendeten Coupons und messen so ganz konkret die Effektivität.

Wählen Sie aus, wo Sie präsent sein möchten

Sie werden weder auf allen möglichen Plattformen präsent sein, einfach weil Sie nicht die Zeit dafür haben, noch wählen Sie nur eine aus, weil Sie so einen wesentlichen Teil Ihrer Zielgruppe verlieren. Setzen Sie sich ein Ziel, das Sie erreichen wollen, und finden Sie heraus, welche Netzwerke Ihre Zielgruppen nutzen. Denn das ist, wo Sie auch sein sollten! Darüber hinaus sollten Sie auch über die Eigenschaften jeder Plattform nachdenken und sich eine vielseitige Online-Präsenz aufbauen. Wussten Sie, dass das soziale Netzwerk Foursquare es den Menschen ermöglicht, den Standort Ihres Unternehmens zu sehen und ein «Check-in» mit anderen zu teilen, wenn sie in Ihrer Nähe sind? Ziemlich nützlich für ein mobiles Geschäft, oder?

Art des Inhalts

Derzeit ist der große Marketingtrend das Content-Marketing. Vergessen Sie Fotos von Klavier spielenden Kätzchen und inspirierenden Phrasen mit schönen Landschaften im Hintergrund. Obwohl Ihnen dieser Ansatz einige Likes und Shares bringen wird, wird er keine Auswirkungen auf andere Aspekte des Unternehmens haben. Versuchen Sie, die Menschen mit interessantem und vor allem mit relevantem Inhalt zu beeinflussen. Nur so wecken Sie Interesse an Ihrem Projekt. Stellen Sie z.B. Fotos des Food Trucks ein, machen Sie Videos, in denen Sie zeigen, wie Sie die Speisen zubereiten, informieren Sie über die Standorte, die Sie besuchen werden, veröffentlichen Sie exklusive Rezepte und Wettbewerbe. Wenn Sie Begabung zum Schreiben haben, schreiben Sie kurze Artikel über verschiedene passende Themen, helfen Sie anderen, Ihr eigenes Projekt zu starten, identifizieren Sie sich selbst als Experte auf dem Gebiet, und bringen Sie das Publikum dazu, Ihren Food Truck mit Respekt und Bewunderung zu betrachten. Wählen Sie immer ansprechende Inhalte im Einklang mit dem Projekt.

In der Regel wird der Erfolg einer Marke in den sozialen Netzwerken durch mehr Engagement mit den Anhängern erreicht werden. Sie können sie nur so davon überzeugen, mehr Affinität mit Ihrem Unternehmen zu empfinden. Gewinnen Sie das Vertrauen der Fans, und werden Sie im Rahmen der Street-Food-Branche relevant. Der Markt ist neu und erzeugt eine Menge Neugier bei den Verbrauchern, nutzen Sie dies, und schaffen und verteilen Sie einzigartigen und besonderen Inhalt.

Grundlegende Gedanken zur Erinnerung

- Street Food lebt von der Erfahrung, die Sie dem Kunden übermitteln. Konzentrieren Sie sich auf die speziellen Details, die die Verbrauchererfahrung zu etwas Erfreulichem machen.
- Es ist billiger, einen bestehenden Kunden kontinuierlich zu halten, als neue Kunden zu gewinnen. Setzen Sie auf die Kundenbindung!
- Die Verbrauchsgewohnheiten von Restaurants sind in den Menschen bereits tiefverwurzelt. Spezialisieren Sie Ihr Marketing auf die andere Verbrauchererziehung für Street Food.
- Die Leute mögen kein Risiko eingehen, wenn es um Geld geht. Denken Sie daran, und machen Sie die Qualität sichtbar und unbestreitbar.
- Wenn der Kunde etwas von Ihnen kauft, erwartet er als Gegenleistung einen bestimmten Nutzen. Erhöhen Sie den Nutzen, den Sie an den Kunden im Austausch für die gleiche Menge Geld liefern, und Sie werden ein erfolgreiches Geschäft erreichen.

- Es ist wichtig, einen täglichen Gewinn zu haben, der das Projekt trägt, aber noch wichtiger ist es, über Ihre Zukunft nachzudenken. Setzen Sie auf den Aufbau einer begehrenswerten und damit profitablen Marke.
- Entwickeln Sie einen guten Marketing-Mix, der die verschiedenen Aspekte des Unternehmens in Einklang bringt. Die vier Ps sind weltweit von Firmen und Marketingexperten getestet.
- Achten Sie auf soziale Netzwerke. Das ist der Ort, wo die Verbraucher und die Konkurrenz sind. Denken Sie daran, dass die Aufrechterhaltung einer attraktiven Präsenz in diesen Netzwerken kostengünstig sein kann, aber bei weitem nicht gratis ist.

VERKAUF *UND LIZENZEN*

Kurz nachdem ich mit dem Schreiben dieses Buches begonnen hatte, legte ich eine Facebook-Seite an, um mein neues Abenteuer mit der Welt zu teilen. Nach und nach enthüllte ich bisher unbekannte Details meiner Arbeit und des zukünftigen Buches. Ich zeigte Ausschnitte aus Interviews, legte offen, welche Food Trucks einer Fallstudie unterzogen würden, und erstellte eine Landing Page, um eine E-Mail-Datenbank von Fans anzusammeln, die am Kauf des Buches interessiert waren. Als das Buch schließlich zur Verfügung stand, verfügte ich so bereits über ein beachtliches Netzwerk an Kontakten, mit welchen ich Updates und Ideen austauschen konnte.

Eine Marketingkampagne vor der Einführung eines Projekts zu lancieren ist eine Strategie, zu der ich jedem Unternehmer stark rate. Diese Idee ist auch für Ihren Food Truck geeignet. Lassen Sie es sich nicht nehmen, schon früh mit der Vorbereitung eines möglichen Publikums zu beginnen. Schauen Sie sich etwa die verschiedenen Strategien an, die eingesetzt werden, um Hollywoodfilme anzupreisen, und nehmen Sie zur Kenntnis, wie früh die Trailer dazu veröffentlicht werden. Eine gute Vorankündigung wird Kunden neugierig machen, und vielleicht werden genau diese Kunden dann die ersten Bestellungen machen, sobald das Produkt zum Kauf zur Verfügung steht. Sie können sogar spezielle Angebote für Ihre Anhänger erstellen, damit diese Ihre Produkte vor der offiziellen Eröffnung kaufen können.

Auf meiner Facebook-Seite begann ich kurz nach der Erstellung und immer noch mit sehr wenigen Anhängern, Nachrichten mit der Bitte um Hilfe bei der Entwicklung von Street-Food-Projekten zu erhalten. Der Inhalt dieser Nachrichten war vielfältig, aber eine große Mehrheit beschäftigte sich mit Fragen zur Lizenzierung und zu den Verkaufsorten. Welche Arten von Lizenzen gibt es? Welches sind die Ämter, die sie erteilen können? Wie lange dauert die Lizenzvergabe von Projekten, und wie schwierig ist es, eine zu erhalten?

Bevor ich mit diesem Thema fortfahre, muss ich sagen, dass es für diese Probleme keine allgemeingültige Antwort gibt. Die Antwort variiert natürlich mit dem Datum der Frage und dem Standort des Projekts. Die Lizenzierung für Street-Food-Aktivitäten macht rasche Fortschritte, und ich mache Sie hiermit auf die hohe Wahrscheinlichkeit aufmerksam, dass dieser Abschnitt des Buches, wenn Sie es lesen, bereits nicht mehr aktuell ist.

Zum Zeitpunkt der Veröffentlichung dieses Buches hatte ich mehrere Berichte von Unternehmern in meinem Besitz, die ihre Lizenzen für den Verkauf auf der Straße in weniger als drei Monaten erhalten haben. Unternehmer mit älteren Projekten meldeten mir längere Wartefristen von beispielsweise sechs Monaten. So groß waren die Unterschiede in nur einem Jahr! Bestimmt sind die Abweichungen zwischen eher ländlichen und städtischen Regionen ebenfalls markant – je nach dem, was Street Food dort für einen Stand hat. Das Thema der Verkaufsstelle ist offenbar eng mit dem der Lizenzierung verbunden. Die gleichen Facebook-Fans, die mich über die Lizenzvergabe befragt haben, zeigten Zweifel ob der besten Orte zur Aufstellung eines Food Trucks und wie sie dieses Thema angehen sollten.

Wir werden am besten in Stufen vorgehen. Bevor Sie sich Gedanken über die notwendigen Lizenzen machen, müssen Sie den Verkaufsort festlegen. Wo macht der Betrieb Ihres Food Trucks Sinn? Gehen Sie im Geschäftsplan zu den gesetzten Parametern, die Sie für die Zielgruppe, für die Konsummomente und vor allem für das Konzept in Erwägung ziehen. Der

Standort ist dabei der Höhepunkt des Planungsprozesses. Wie legen Sie ihn am besten fest?

Stellen Sie sich dabei die Frage: Wo ist Ihr Zielpublikum? Wahrscheinlich an mehreren Orten. Machen Sie eine Liste von möglichen Orten der Ansammlung der größtmöglichen Anzahl von Personen, die mit den beschriebenen Profilen (den Personae) übereinstimmen. Nachdem Sie die Liste geschrieben haben, überlegen Sie sich die Konsumzeiten, die Sie abdecken möchten, und wählen Sie den Bereich, wo sich das Zielpublikum während des gewünschten Zeitplans befindet. Die Menschen bewegen sich in der Stadt umher und besuchen während des Tages verschiedene Viertel. Hüten Sie sich also vor statischen Ansätzen in der Planung des Verkaufsorts. Sie haben die Liste mit möglichen Standorten wahrscheinlich bereits auf vier oder fünf Punkte reduziert. Reisen Sie zu jedem von ihnen, analysieren Sie die Bewegung der Passanten, und überlegen Sie sich spezifische Orte, wo Sie den Food Truck parken könnten. Organisieren Sie diese kurze Liste nach Präferenz, und Sie werden bei der zuständigen Genehmigungsbehörde einen konkreten Vorschlag abliefern können.

Es ist normal, dass einige der von Ihnen ausgewählten Standorte aus verschiedenen Gründen nicht für Ihr Vorhaben zur Verfügung stehen, und gerade deshalb ist es klug, eine umfangreichere Liste an die Behörden zu schicken. Abhängig von der Lizenzierungsstelle haben der Antrag und die Bewilligung von Lizenzen Kosten. Wenn es Ihr Budget erlaubt, möchten Sie sich vielleicht sofort zwei oder mehrere Verkaufsorte an verschiedenen Stellen zusichern. Vergessen Sie nicht, dass der Vorteil eines mobilen Unternehmens die Möglichkeit ist, den Standort des Betriebs zu ändern, wenn sich dieser nicht als rentabel erweist. Wenn sich die Kunden aus irgendeinem Grund entscheiden, die Straße, in der Sie den Food Truck an einem bestimmten Tag geparkt haben, nicht aufzusuchen, sollten Sie die Möglichkeit haben, den Standort zu ändern.

Luís Rato erklärte mir, dass der Vorteil von Street Food darin liegt, neue Verkaufsstandorte zu testen, ohne dass es mit großen Kosten verbunden ist.

Mit einem traditionellen Restaurant ist dies einfach nicht möglich. «In den ländlichen Gebieten gibt es aufgrund fehlender Infrastruktur viele Geschäftsmöglichkeiten, um Mahlzeiten zu servieren. Die Kunden werden die plötzliche Verfügbarkeit der Versorgung in der Nähe zu schätzen wissen.» Wenn Sie den Standort Ihres Food Trucks planen und Respekt vor der Konkurrenz haben, denken Sie daran, dass es viele Gebiete gibt, wo Restaurants auf Rädern immer noch nicht mehr als ein Traum sind.

Eine weitere Möglichkeit ist die Teilnahme an Street-Food-Veranstaltungen, Musikfestivals, Sport- und Kulturveranstaltungen, privaten Partys und sonstigen Messen, die im ganzen Land stattfinden. In diesem Fall benötigen Sie keine Lizenz der Behörden, sondern nur eine Genehmigung, die Sie direkt mit den entsprechenden Organisatoren des Festivals aushandeln. Es sind zwar diese Gelegenheiten, bei denen Sie viel verdienen können, aber das Geschäft auf der Straße ist von entscheidender Bedeutung, um Fans zu gewinnen und damit für die Zukunft des Unternehmens vorzusorgen.

«Ich möchte die Avenida da Liberdade auf einer Seite voller Piaggios sehen, und auf der anderen voller Menschen, die die Schönheit erkennen, die erschaffen wurde.»

Luís Rato
Gründer von *Kiosque Street Food*

Lizenzierung Ihres Food Trucks

Die Lizenzierung der Food Trucks ist ein komplizierter Vorgang, besonders da es eine relativ neue Praxis ist, für die je nach Ort noch keine oder nur wenig Regeln vorhanden sind. Gerade deswegen kann es auch länger dauern, bis Sie die Lizenz erhalten. Da es sich bei Street Food um eine junge und sich noch entwickelnde Branche handelt, ist der rechtliche Rahmen noch nicht vollständig genormt.

«Die Lizenzierung ist ein Prozess, der sich entwickeln muss, der aber derzeit nicht allzu komplex ist. Wenn die Leute das Gefühl haben, dass die Lizenzierung zu einfach ist, wird jeder auf der Straße sein wollen, und es wird unweigerlich zu Pannen kommen. Deshalb handeln die Behörden in der eher langsamen Vergabe der Lizenzen gut, um die Spreu vom Weizen zu trennen», meint Luís Rato dazu. Wenn Street Food bald eine Industrie ohne jegliche Eingangsbarrieren würde, würde die Zahl der schlecht entwickelten Konzepte und der ideenlosen Unternehmer eskalieren, die Qualität des Marktes zugrunde gehen. Bevor Sie sich über die langwierige Lizenzerteilung beschweren, denken Sie daran, dass die Verzögerung auch ein Test für Ihre Bereitschaft ist, einen Food Truck in Betrieb zu nehmen. Werfen Sie nicht das Handtuch, sondern nutzen Sie die Zeit sinnvoll, etwa mit dem Aufbau einer Facebook-Seite.

Street Food im Vergleich zu traditionellem Handel: Konkurrenz oder wechselseitige Ergänzung?

Ein Teil der Schwierigkeiten, die für Street Food entstehen, ergeben sich aus dem Glauben, dass die Food Trucks direkt mit den Geschäften des traditionellen Handels konkurrieren. Diese Idee könnte nicht falscher sein! Es ist wichtig darauf hinzuweisen, dass Street Food eine natürliche und nicht umkehrbare Entwicklung in der Industrie der Restaurants ist. Es ist eine Möglichkeit, sich den Lebensstilen der Verbraucher anzupassen. Was Tuk-Tuk und Uber für den öffentlichen Verkehrssektor sind, sind die sozialen Netzwerke für Kommunikation und Crowdfunding zur Finanzierung von Projekten. Street Food präsentiert sich als eine Lösung für die Herausforderungen, die die Gastronomie in den letzten Jahren erlebt hat. Die Diskussion über die Legitimität der Industrie, ob sie erlaubt oder nicht erlaubt werden sollte, ist überflüssig und nicht sehr ergebnisreich. Vielmehr sollte das Gespräch dahin geführt werden, den besten Weg zu erkennen, um sich mit diesem Phänomen zu beschäftigen. «Ich finde immer noch einen gewissen Widerstand, wenn ich versuche, an einigen Orten Genehmigungen zu bekommen, denn es besteht ein großer Mangel an Information über den Nutzen, den wir den lokalen Unternehmen bringen können», sagte mir Fernanda Faria, Inhaberin des Food Trucks *Nanda Brigadeiros*. Sie glaubt daran, dass sich diese Mentalität mittelfristig ändern wird.

Nachdem Sie diese anfängliche an traditionellen Werten orientierte innerliche Blockierung überwunden haben, ist es wichtig zu verstehen, welche Vorteile Sie von einem Restaurant auf Rädern ziehen können, und wie Sie die Branche verbessern können. Was die Sorge bezüglich Street Food und traditionellem Handel betrifft, meint Luís Rato: «Traditionelle Geschäfte leben gut neben Street Food und sollten eine gute Art des Zusammenlebens suchen.» Was mancherorts als Problem gesehen wird, sollte als Chance für den traditionellen Handel verstanden werden. Während sich Street Food auf eine schnelle und differenzierte Serviceerfahrung spezialisiert, muss der traditionelle Handel versuchen, die restlichen Marktbedürfnisse zu erfüllen. Die sind ja schließlich auch noch da. Unterstützt durch größere Lager, Küchen mit mehr Einrichtungsmöglichkeiten und Geschäftsräume mit der Möglichkeit, angenehmere Umgebungen zu gestalten, können Restaurants, Kaffeehäuser und Konditoreien den Kunden genau das bieten, was Street Food nicht kann. «Wenn ich mich hinsetzen und aus einem großen Angebot auswählen möchte, gehe ich in eine Konditorei. Wenn ich nur einen schnellen Kaffee in einer entspannten Umgebung möchte, greife ich auf Street Food zurück», sagt Rato. Kaffeehäuser in der Umgebung eines Street-Food-Festivals verzeichnen oft einen viel größeren Zustrom als an normalen Tagen.

Auch José Borralho erklärte, dass Street Food auf einem sogenannten «Grab & Go»-Konzept basiere, das nicht mit traditionellen Restaurants in Konflikt stehe. Er geht sogar noch weiter und sagt, dass sich die beiden ergänzen. «Wenn Street Food auf der Straße funktionieren soll, darf es nicht über Sitze für die Kunden verfügen. Internationale Statistiken zeigen, dass die Geschäfte in der Nähe der Food Trucks die Erträge steigern, und dies geschieht, weil ihre reine Anwesenheit das Interesse der Street-Food-Kunden weckt. Jemand, der sein Essen auf den Weg mitnehmen möchte, wählt Street Food, aber wer sich hinsetzen möchte, wählt Restaurants.» Es ist also möglich und sogar empfehlenswert, Street Food und traditionelle Restaurants nah beieinander zu platzieren.

Mobilität

Street Food ist von Natur aus eine mobile Industrie und dadurch wird Ihnen die maximale Rentabilität des Betriebs ermöglicht. Die derzeitigen rechtlichen Rahmenbedingungen, die den freien Verkehr dieser Fahrzeuge nicht zulassen, begrenzen das Ertragspotential der Branche. Dabei ermöglicht Street Food letztendlich mehr Steuereinnahmen, mehr Arbeitsplätze und mehr Dynamik für die Städte. Die Veranstaltungen, die dafür ins Leben gerufen worden sind, sind der Beweis für dieses Argument.

Die Verpflichtung, eine strikte geografische Position beizubehalten, führt zu Zeiten von weniger Zustrom zu einem unvermeidlichen Wettbewerb zwischen Food Trucks und Restaurants. Die gesamte Gastronomie würde von der Liberalisierung von Street Food profitieren. Natürlich müsste sie durch eine andere Art von Regeln und Verfahren begleitet werden.

Bieten Sie etwas, das noch nicht vorhanden ist

Dieser Punkt beruht auf der Überzeugung, dass sich Street Food und traditionelle Restaurants gegenseitig ergänzen. Ob durch die Art des Angebots, das gesuchte Kundenprofil oder die Erfahrung, die sie anbieten wollen, die Ziele beider Konzepte sind deutlich voneinander unterschieden. Darauf müsste bei der Verteilung von Lizenzen natürlich geachtet werden. Die Eröffnung eines Eis-Food Trucks direkt neben einer Eisdiele etwa würde einen ungezügelten Wettbewerb fördern, der vermutlich in einer Preissenkungsschlacht und am

Ende in einer Erwürgung beider Unternehmen gipfeln würde. Das ist nicht das, was Street Food beabsichtigt, und Lizenzgeber sollten besondere Aufmerksamkeit auf diesen Punkt legen: Food Trucks suchen Differenzierung.

Food-Truck-Gruppen

Bis jetzt ist die Lizenzierung von Food Trucks der Logik gefolgt, sie in den verschiedenen Teilen der Stadt zu verteilen, um so keine große Ansammlung von Fahrzeugen zu fördern, die die Landschaft oder die Fußgänger und den Autoverkehr beeinträchtigen könnten. Alle Aussagen, die ich von bereits im Einsatz befindlichen Unternehmern erfasste, ergaben, dass sich das Einkommen der Food Trucks immer dann erhöhte, wenn sie in der Nähe von anderen Food Trucks arbeiteten. Dies geschieht vermutlich aufgrund der hohen Angebotsvielfalt. Das Straßenessen, wie bereits vorher erwähnt, verfolgt einen Einzelprodukt-Trend, bei dem sich jedes Fahrzeug auf ein bestimmtes Angebot spezialisiert. Es gibt Food Trucks mit Limonaden, solche mit naturbelassenen Säften, Wein, Sandwiches, Gummibärchen, Waffeln, Joghurt und vielen anderen Dingen. Für einen hungrigen Kunden, der nach einer Mahlzeit sucht, wird es von Vorteil sein, eine Reihe von verschiedenen Konzepten zu finden, die ihm ein abwechslungsreiches und vollständiges Menü bieten kann. Dieses Zusammentreffen von Food Trucks fördert die Qualität der Branche, weil es zu einer zunehmenden Spezialisierung der Konzepte zwingt statt zu Ständen, die versuchen, alle Arten von Produkten zu verkaufen. Je nach Standort können diese Gruppen von Food Trucks zur Dynamik der Städte und sogar zur Eingliederung heruntergewirtschafteter oder verlassener Gebiete beitragen.

Einsatzkriterien

Bei der Vergabe von Food-Truck-Lizenzen dürfen operative Details nicht vergessen gehen. Es ist beispielsweise notwendig, den Abstand zwischen dem Fahrzeug und den Fußgängerstreifen zu berücksichtigen, sowie die Breite der Gehsteige, wo Sie parken können, die empfohlene Entfernung von Schulen, Krankenhäusern und anderen Einrichtungen, und vor allem auch die Sauberkeit und Hygiene der Straßen.

Veranstaltungen

Street Food ist eine Industrie mit großer Vielseitigkeit und Anpassungsfähigkeit. Diese Eigenschaften kommen unter anderem von der Mobilität, die einem Geschäft auf Rädern anhaftet. Daher ist die Frage nach der Lizenzierung nur ein kleiner Teil des Problems, da Street Food für gewisse Probleme eine andere, neue Art von Lösungen erlaubt. Während Sie auf die Zuteilung der Verkaufslizenz warten, suchen Sie am besten nach alternativen Orten, um so schnell wie möglich mit dem Verkaufen zu beginnen. Sicherlich besteht der am häufigsten begangene Weg des Einstiegs in das Geschäft in der Erlangung einer Verkaufslizenz in einem oder mehreren Teilen der Stadt. Aber es gibt mehrere Fälle von Unternehmern, die ihr Business auf Catering-Einsätzen und Veranstaltungen aufgebaut haben.

Während die Strategie, täglich am gewohnten Ort zu verkaufen, dem Unternehmen eine kalkulierbare Vorhersehbarkeit und einen konstanten Umsatz bringt (dies resultiert aus der täglichen Arbeit, die bewertet und verbessert werden kann), überlässt Sie das das Event-Modell der Gnade einer großen Masse von hungrigen Kunden, die hoffentlich darauf bestrebt sind, Ihr Produkt zu probieren. Als Manager des Unternehmens wird es Ihre Verantwortung sein zu erkennen, auf welchen Veranstaltungen Sie zugegen sein müssen und an welchen Tagen Sie nicht auf den üblichen Verkaufsort verzichten können. Wenn die Industrie Zugkraft gewinnt und das Konzept beliebt wird, wachsen bestimmt auch die Einladungen von Messen und Märkten, die Food Trucks in den Betriebsgeländen haben wollen.

Beurteilen Sie die Konkurrenz, die Sie am Standort eines Festivals haben werden, analysieren Sie, ob das anwesende Publikum die Zielgruppe des Unternehmens ist, und berechnen Sie nicht zuletzt die mögliche Einnahme nach Abrechnung aller Reisekosten. Sie werden feststellen, dass manchmal bestimmte Veranstaltungen einen für Sie zu hohen Teilnahmepreis festsetzen, um einen Gewinn aus Ihrem Geschäft zu machen. Prüfen Sie in diesen Fällen, ob es rein marketingtechnisch wichtig sein könnte, an diesem Ort dennoch aufzutreten. Lassen Sie sich nicht von großen Namen und erhofften potentiellen Kunden verführen. Berechnen Sie, wie viele Speisen Sie pro Minute liefern können und kalkulieren Sie den potentiellen Umsatz. Wenn diese Zahl nicht höher ist als der Betrag, der Ihnen für die Teilnahme an einer Veranstaltung verrechnet wird, überlegen Sie es sich zweimal, bevor Sie annehmen. Im allgemeinen ist es in diesen Situationen eine gute Praxis, sich von Anfang an einen Höchstbetrag zu setzen, den Sie bereit sind zu bezahlen, damit Sie auch noch einen Gewinn machen können. Wenn Sie eine klare Nummer vor Augen haben, ist es viel leichter, unprofitable Vorschläge abzulehnen.

Anstatt alle möglichen eingehenden Einladungen anzunehmen, machen Sie sich lieber auf die Suche nach kleineren Veranstaltungen, wo der Food Truck Aufmerksamkeit auf sich ziehen und Anlass zu Neugierde sein kann. Tatsächlich müssen Sie nicht auf Veranstaltungen mit 100 000 Leuten anwesend sein, wenn der Food Truck nur zwei- oder dreihundert Mahlzeiten servieren kann. Wenn Sie solche Zahlen des Food Trucks genau kennen, gibt Ihnen dies die Fähigkeit, rationalere Entscheidungen zu treffen, und es hält Sie davon ab, an Veranstaltungen teilzunehmen, die Ihnen nur Verlust bringen werden.

Street-Food-Festivals sind Geschäftsmöglichkeiten, die Sie sicherlich nicht verpassen wollen. Auf diesen Festivals ist der dem Food Truck-Betreiber verrechnete Preis manchmal ein Prozentsatz auf den Umsatz, der so verhindert, dass Sie letztlich die Investition nicht amortisieren. In anderen Fällen wird eine feste Miete für den Standplatz berechnet. Diese Festivals ziehen Kunden an, die Interesse am Konzept von Street Food haben, was wahrscheinlich bedeutet, dass Personen Ihrer Zielgruppe in großer Anzahl vorhanden sein werden, und sie bringen die Bereitschaft mit, Sie einen guten Gewinn machen zu lassen. Die Festivals sind auch eine Gelegenheit, sich mit anderen Unternehmern zu vernetzen und der Öffentlichkeit neue Konzepte und Produkte vorzustellen. Laut Francisco Vasconcelos, Organisator von *STR.EAT FEST*, sind die Festivals «fundamental und werden die natürlichen Entwicklungen auf verschiedenen Ebenen sein. Sie neigen dazu, immer vielfältiger und schließlich das Zentrum des Geschehens zu werden». Was auch immer Ihre Strategie sein mag, sparen Sie die Planung der Festivals, die sicherlich den Umsatz steigern und die Marke mit einer großen Anzahl von potentiellen Kunden in Kontakt bringen, nicht aus.

Francisco Vasconcelos ist ein Pionierunternehmer der Street-Food-Industrie in Portugal, der mit der Eröffnung eines Hamburgerlokals im Jardim da Parada in Campo de Ourique gestartet ist und im Dezember 2013 das Konzept mit einem angepassten Van erweitert hat. Die *Hamburgueria da Parada* vermarktet acht verschiedene Arten von qualitativ hochwertigen Hamburgern und eine vegetarische Version auf der Basis von Kichererbsen. Sein Erfolg und seine so gewachsene Branchenkenntnis führten Francisco dazu, in die Organisation eines Street Festivals in Lissabon zu investieren, «eine der anspruchsvollsten Erfahrungen, die ich bis zum heutigen Tag gemacht habe». In nur zwei Tagen des Festivals hatte das *STR.EAT FEST* mehr als 22 000 Besucher, was alle Erwartungen übertroffen hat.

Der Erfolg dieser Festivals trägt dazu bei, dass sich neue Festivalkonzepte ausprägen und dass die Street-Food-Unternehmer eine tragfähige und nachhaltige Alternative zum Straßenverkauf haben. Sobald sich die Street-Food-Festivals multiplizieren und sich die Erfahrung der Organisatoren damit vergrößert, werden wir große Entwicklungen auf diesen Veranstaltungen sehen, die nicht länger nur «eine Gruppe von Vans in einen Gastronomiebereich verwandeln», sondern eine vollständige und dynamische Veranstaltung, wo «die Vans nicht länger die Hauptattraktion sein werden, weil sie bereits eine Gewohnheit sein werden».

Grundlegende Gedanken zur Erinnerung

- Integrieren Sie Vorabkampagnen in den Marketingplan. Bereiten Sie das Publikum schon früh auf die Projektveröffentlichung vor, und stellen Sie damit deren Erfolg sicher.
- Nehmen Sie sich Zeit für die Recherchen des Lizenzierungsprozesses des Food Trucks.
- Machen Sie eine Liste der Verkaufsstellen, die Sie bedienen möchten, und finden Sie heraus, welche Behörden für die Verwaltung dieser Orte zuständig sind.
- Um die Mobilität des Food Trucks besser auszunutzen, sollten Sie sich mehr als einen Verkaufspunkt sichern, damit Sie den Geschäftsstandort regelmässig wechseln können.
- Gehen Sie auf das zuständige Amt, und fragen Sie nach mehr Details zum Lizenzierungsprozess für diese Art von Tätigkeit. Die Funktionsweise variiert je nach Stadt und Kanton bzw. Bundesland.
- Geraten Sie nicht mit anderen Food-Truck-Betreibern oder mit dem traditionellen Handel in Konflikt. Street Food muss eine komplementäre Logik der Versorgung haben und keinen unfairen Wettbewerb anstacheln.
- Bemühen Sie sich um die Teilnahme an Veranstaltungen, aber halten Sie immer an Ihren täglichen Aktivitäten auf der Straße fest.

RUA
FERNANDO
PESSOA
10

BRINGEN SIE IHREN STREET-FOOD-BETRIEB IN GANG

«Mein Grundprinzip ist es, die Menschen zu behandeln wie sie sind, ohne auf das Bankkonto oder die Kontakte, die sie mir bringen können, zu achten [...] Kann sein, dass ich deshalb mehr Erfolg habe, obwohl mir bewusst ist, dass ich länger brauche, um ihn zu erreichen. Das Ergebnis ist ein Netzwerk von Menschen, die ehrlich froh sind, mit mir zu arbeiten.»

Luís Rato
Gründer von *Kiosque Street Food*

Wenn Sie diese Phase erreicht haben, wird die Planung Ihres Street-Food-Unternehmens beinahe vollständig sein. Sobald das Konzept erstellt wurde, das Produkt und die Zielgruppe ausgewählt, der Verkaufsort festgelegt und die Kommunikationsstrategie entworfen ist, müssen Sie all diese theoretischen Konzepte miteinander verbinden. Dies bedeutet, dass die Zeit gekommen ist darüber nachzudenken, wie Sie alle bisher beschriebenen Pläne in Gang bringen. Das ist der Moment der Wahrheit, denn spätestens hier werden Sie feststellen, ob das Projekt, das Sie vorbereiten, tatsächlich Sinn ergibt und die Umsetzung möglich ist.

An manchen Stellen werden Sie vermutlich wieder bereits besprochene Punkte überarbeiten müssen, wenn Sie feststellen, dass einiges Ihrer Auswahl nicht miteinander übereinstimmt. Es wäre vielleicht sehr interessant, einen Food Truck zu haben, um an Festivals im ganzen Land teilzunehmen, aber wenn Sie kein Team haben, das Sie bei einem solchen Vorhaben unterstützt, ist dieses Konzept nicht durchführbar. Es ist eine genaue Planung nötig, die Ihnen sofort anzeigt, wie viele Mitarbeiter zur Umsetzung des von Ihnen entwickelten Konzepts erforderlich sind, welcher Kostenrahmen erforderlich ist und welche Einrichtungsgegenstände Sie besorgen müssen. Wenn Sie sich überlegen, Ihr Geschäft auf von einem Händler gelieferte Tiefkühlprodukte zu stützen, verstehen Sie sicher sofort, dass Sie ein kleines Lager mit zwei oder drei Tiefkühltruhen benötigen. Dies bedeutet zusätzliche Stromkosten und einen weiteren Logistikeinsatz. Wie groß sind die Produkte, die Sie verkaufen wollen? Wie viele Einheiten können Sie in Ihrem Fahrzeug lagern, und wie viele planen Sie, pro Stunde zu verkaufen?

Was machen Sie, wenn Sie feststellen, dass ein rentables Geschäft mehr Produkte verkaufen muss, als in das Lagersystem des Food Trucks passen? Schließen Sie den Food Truck für einige Stunden, um sich ins Lager zu begeben und den Speicher wieder aufzufüllen? Haben Sie einen Mitarbeiter, der für diese Lieferungen verantwortlich ist? Oder überlegen Sie sich, ein zweites Fahrzeug zu mieten, das immer in der Nähe ist? Wie auch immer Sie das Problem lösen: Es werden zusätzliche Kosten entstehen. Auf einmal kann eine Idee, die am Anfang brillant und unfehlbar erschien, viele Komplikationen offenbaren, die sie unmöglich machen.

Während des Gesprächs, das ich mit Mário Henriques, Partner des Food Trucks *Vespa Gourmet*, führte, konnte ich verstehen, wie real diese operativen Schwierigkeiten sein können. «Um ein Street-Food-Geschäft am Laufen zu halten, ist die Anwesenheit, der Schwung und die Arbeit des Unternehmers selbst notwendig. Sie müssen sich bewusst sein, dass Sie am Morgen an dem

Standort ankommen und nicht alles bereit sein wird. Alles was verkauft wurde, muss täglich aufgefüllt werden.» Diese Besonderheiten der Branche sorgen für ein natürliches Aussieben der Projekte, die innerhalb von drei oder vier Jahren überleben. Aus diesem Grund ändert sich das Angebot der Food Trucks noch ständig. Im Falle von *Vespa Gourmet* zwang die Projektträger die Tatsache, dass sie eines der Pionierprojekte in der Branche waren, aus ihren Fehlern zu lernen. Damit haben wir hier ein Beispiel, das auch Sie ermutigen sollte, denn es beweist, dass Street Food die unschlagbare Möglichkeit bietet, sich jedem Rückschlag anzupassen.

Wenn Sie immer noch zweifeln oder denken, dass Sie noch keine detaillierte Planung machen können, ist es die beste Option, auf die Straße zu gehen und Ideen kurz zu testen. Sie werden sehen, dass Sie durch diese Strategie einen höheren Gewinn erzielen können, als wenn Sie zu Hause auf der Couch sitzen bleiben, um jeden Absatz des Geschäftsplans zu perfektionieren.

«Das Projekt, das wir entwickeln wollten, war bereits sehr gut durchdacht, aber der Kontakt mit Luís Rato ermöglichte eine Reihe von Synergien, die am Anfang fundamental für uns waren.»

Mário Henriques
Vespa Gourmet

Wo und wann sollten Sie tätig sein?

Jetzt ist es Zeit, Verantwortung zu übernehmen für Ihre Wahl, ein Street-Food-Projekt zu gründen, und den Logistikbetrieb zu entwickeln und zu nutzen. In den frühen Zeiten des Unternehmens werden Sie das Potential und die Grenzen des Konzepts austesten. Lernen Sie aus diesem Wissen. Wenn Sie anfangen, an großen Veranstaltungen teilzunehmen, werden Sie schließlich erkennen, dass Sie kein Einkaufszentrum und keine riesige Kühltruhe in der Nähe haben, und es wird für Sie am kostengünstigsten sein, das Lager so gut als möglich auszuverkaufen. Versuchen Sie, diese Tatsache für sich auszunützen. Wenn Ihr Produkt wirklich gut ist, werden die Kunden Lust nach Ihrem Essen verspüren und vor allem ein großes Verlangen, weil Sie nicht versprechen können, dass es eine Stunde später noch zur Verfügung stehen wird. In einem zweiten Schritt erst entwickeln Sie Wege, damit Ihnen die Produkte möglichst spät ausgehen. Riskieren Sie den Kauf eines Lieferwagens, stellen Sie eine zusätzliche Arbeitskraft ein – aber besinnen Sie sich darauf, dies nur zu tun, wenn eine hohe Wahrscheinlichkeit auf Erfolg besteht. Wenn Sie den Leuten vermitteln können, dass Ihr Produkt nicht ewig verfügbar ist, können Sie sogar den Preis etwas erhöhen. Sehen wir uns das Ganze in einem Beispiel an:

Ihr Food Truck ermöglicht ein Angebot von 200 kleinen Puddingtörtchen. Für einen Stückpreis von 1 Franken haben Sie auf einer bestimmten Veranstaltung ein Kaufinteresse von 400 Personen registriert. Sie verkauften den gesamten Lagerbestand, bewirteten 200 Personen und mussten 200 Leute leer ausgehen lassen. Dafür erzielten Sie einen Umsatz von 200 Franken.

Beachten Sie nun die folgenden Anpassungen:

Sie haben beschlossen, den Stückpreis auf 2 Franken zu erhöhen, weil offenbar eine sehr große Nachfrage vorhanden ist, und haben daraufhin einen Rückgang der Nachfrage um ganze 50% verzeichnen müssen. Von diesen 200 Leuten konnten Sie aber alle bedienen. Mit einem ausverkauften Bestand versorgten Sie 200 Personen, die an Ihrem Produkt interessiert waren, und erzielten einen Umsatz von 400 Franken. Viel besser als vorher, nicht wahr?

Denken wir noch weiter. Sie haben beschlossen, Ihr Unternehmen in den Luxusbereich zu positionieren, haben einen neuen passenden Ort dafür gefunden, und setzen den Stückpreis auf 3 Franken. Ausgehend von diesem neuen Preis haben Sie einen erneuten Rückgang des Kundenkreises verzeichnet und registrierten nur noch eine Nachfrage von 150 Personen. Auf diese Weise verkauften Sie 150 Stück, verzeichneten einen Überschuss von 50 Törtchen und einen Umsatz von 450 Franken. In diesem letzten Fall haben

Sie nicht nur den Umsatz, sondern auch den Gewinn erhöht, da Sie weniger Produkte benötigten, um einen höheren Umsatz zu erzielen. Vielleicht sind die Mitarbeiter im Food Truck durch die kleinere Nachfrage auch viel weniger gestresst, oder Sie können sich mit einem kleineren und günstigeren Ofen als ursprünglich behelfen. Allerdings haben Sie noch 50 Törtchen übrig.

Es ist Ihre Entscheidung, welche Art von Geschäft Sie entwickeln möchten. Ich stellte Ihnen mit dem obigen Beispiel drei verschiedene Strategien vor, die jeweils vom Stückpreis der Produkte abhängig sind, aber es ist klar, dass auch andere Faktoren zu berücksichtigen sind. Es ist wichtig, dass Sie wissen, dass Sie die Preise je nach erwarteter Zielgruppe anpassen können. Wenn Ihnen der Bestand ausgeht, sollten Sie nicht gleich das Handtuch werfen, da dies für einen Food Truck vollkommen normal ist. Nutzen Sie diese Tatsache, um das Publikum auf Ihr Produkt neugierig zu machen. Wenn Sie auf einem Festival in Betrieb sind und Sie eine lange Schlange von Menschen sehen, die darauf warten Ihre Köstlichkeiten zu probieren, erschrecken Sie nicht! Sie müssen den Kunden zu verstehen geben, dass Street Food kein Fast Food ist und höchste Qualität in der Herstellung und im Service erfordert. Nehmen Sie sich Zeit, halten Sie wenn nötig inne, um den Bestand zu ergänzen, und lassen Sie das als Synonym für Qualität wahrnehmen.

Beachten Sie auch, dass Sie ein Unternehmen führen, das sich nicht an feste Zeitpläne halten muss. Anders als in Einkaufszentren, in denen die Geschäfte gezwungen werden, die Öffnungszeiten des Einkaufszentrums einzuhalten, egal wie viele Personen gerade einkaufen, genießt ein Food Truck die Freiheit, manchmal einfach zu schließen. Wenn zum Beispiel die Wettervorhersage schwere Niederschläge für einen bestimmten Tag anzeigt, ziehen Sie es vielleicht vor, zu Hause zu bleiben und damit Reisekosten, Energieverbrauch, verschwendete Produkte und Mitarbeiterlöhne zu vermeiden. Nehmen Sie sich diesen Tag frei, oder verwenden Sie ihn, um an anderen Aspekten des Unternehmens zu arbeiten. Dazu gehören die Verwaltung der sozialen Vernetzung, die Planung von zukünftigen Veranstaltungen oder die Suche nach neuen Konzepten und Lieferanten.

Das funktioniert natürlich auch in die andere Richtung. Wenn Sie feststellen, dass zu einem bestimmten Zeitpunkt an einem bestimmten Tag eine große Menschenansammlung an einem Ort in Ihrer Nähe ist, vielleicht anlässlich eines Konzerts oder eines Fußballspiels, versuchen Sie eine Lizenz für den temporären Verkauf an diesem Standort zu bekommen und versetzen den Food Truck dorthin. Beachten Sie die Kulturagenda Ihrer Stadt, und folgen Sie der Menschenmenge, wohin sie auch immer zieht. Berücksichtigen Sie dabei natürlich die Art des Unternehmens, die Besonderheiten des Produktes, die Präsenz der Zielgruppe und die Verfügbarkeit an Arbeitskräften. Sie werden sich wahrscheinlich den Bedingungen anpassen müssen, die Ihnen zur Verfügung stehen.

Dies ist der Fall von Ana Coimbra, Gründerin des Food Trucks *Festa na Lambreta*, die das Geschäft in Teilzeit führt. Bei Ana hat der Logistikbetrieb einen größeren Einfluss auf den Vorabend der Veranstaltungen, an denen sie teilnimmt. Sie muss vorher jeweils den Bestand überprüfen, die Warenbestellungen machen und das Fahrzeug bestücken. An den verbleibenden Tagen kümmert sie sich um die Verwaltung ihrer sozialen Netzwerke und sucht nach neuen Veranstaltungen.

Für João Silva von *A Brasileira* hingegen ist der schwierigste Teil des Logistikbetriebs, permanent genug Produkte anbieten zu können.

Die Frage wird komplexer, wenn die Unternehmensstruktur des Geschäfts größer ist, wie im Falle von *Panidor*, die ein fachübergreifendes Team gebildet haben, um diese Probleme zu bewältigen. Sie haben «einen Bereichsleiter eingesetzt, damit der Geschäftsbereich an Autonomie und einer unabhängigen Dynamik im Vergleich zu den übrigen Aktivitäten des Unternehmens gewinnt».

Angestellte

Sie haben in diesem Buch gelesen, dass die Führung der Menschen der schwierigste Teil des Geschäfts ist. Vermutlich werden Sie Mitarbeiter einstellen müssen. Als ich Luís Rato bezüglich der Strategien befragte, die die Unternehmer in diesem Bereich anwendeten, stellte ich fest, dass ungefähr 50% der Projektträger das Geschäft nur führen und organisieren, und dass die anderen 50% selbst hinter der Theke stehen. Dies sind verschiedene Strategien, die vom Profil des Projektträgers und den festgelegten Zielen abhängen.

Wenn Sie planen, das Geschäft durch zusätzliche Food Trucks zu erweitern, werden Sie immer Mitarbeiter anstellen und führen müssen. Wenn es dazu kommt, werden Sie entscheiden müssen, welche Art von Arbeitsverhältnis Sie zwischen sich und den Arbeitnehmern aufbauen (befristete oder unbefristete Arbeitsverträge, Stundenlohn), sowie die Höhe des Lohns bestimmen und ob dieser auf Provisionsbasis erhoben werden soll. Diese Entscheidungen hängen ganz alleine von Ihnen ab, vom vorhandenen Budget und von dem, was Sie von jedem Mitarbeiter erwarten. Vergessen Sie nicht, dass die Qualität des Food Trucks auch von der Freundlichkeit des Personals abhängt und dass niedrige Löhne und unsichere Anstellungsbedingungen Mitarbeiter nicht gerade dazu motivieren, einen guten Job zu machen. Wenn Sie eine Back-Office-Position einnehmen, sollten Sie in qualifizierte und engagierte Mitarbeiter investieren. Wenn sich das Team entscheidet, Sie aufgrund der niedrigen Löhne zu verlassen, werden Sie das ganze gesammelte Know-how verlieren und wieder von vorne anfangen müssen. Mit anderen Worten: Personalfragen sind sehr wichtig. Jeder Fall braucht einen spezifischen Ansatz in Bezug auf die Art der Beziehung, die mit den Mitarbeitern beibehalten wird. Die Personalstrategie sollte mit dem ganzen Projekt abgeglichen sein und dazu ausgelegt sein, um dessen Qualitäten auf ein Höchstmaß zu bringen.

Doch unabhängig vom Profil der Mitarbeiter, die Sie vielleicht einstellen, werden Sie immer einen Trainingsprozess durchführen müssen. Beginnen Sie immer mit einer Vorstellung der Werte, der Mission und der Vision des Unternehmens, erwähnen Sie die Meilensteine der Unternehmensgeschichte und welche Ziele in der Zukunft erreicht werden sollten. Erst nachdem sichergestellt ist, dass die Mitarbeiter den Hintergrund Ihrer

Firma kennen, sollten Sie zur Phase der spezifischen Ausbildung von Street-Food-Verkauf übergehen. Erarbeiten Sie einen Plan der Themen, die behandelt werden müssen, um sicherzustellen, dass Sie nichts vergessen. Es ist wichtig, so trivial scheinende Belange wie die Verwendung von Handschuhen beim Umgang mit Lebensmitteln zu lehren. Für Sie mag das eine Selbstverständlichkeit sein, aber für Ihre Mitarbeiter vielleicht nicht. Darüber hinaus müssen Sie sicherstellen, eine unternehmerische Denkweise zu vermitteln, die den Angestellten erlaubt, Entscheidungen in Bezug auf Unternehmensziele zu machen. Bewerten Sie in einer regelmäßigen und konsequenten Weise die Leistung der Mitarbeiter, aber ohne das Arbeitsklima kaputtzumachen. Belohnen Sie diejenigen, die die Ziele erreichen, helfen Sie denjenigen, die hinterherhinken.

Rechnungen

Neben der Beschaffung von Betriebslizenzen ist die Rechnungsstellung eine Geschäftstätigkeit, die den weniger erfahrenen Unternehmern viel Zweifel und Besorgnis bringt. Wie sollten die getätigten Verkäufe in Rechnung gestellt werden? Welche Dokumente braucht der Kunde? Muss ich Quittungen ausstellen? Müssen die ausgestellten Rechnungen an die Steuerbehörde gemeldet werden? Welches ist das beste Fakturierungsprogramm für meine Bedürfnisse? Rechnungsstellung und Buchhaltung eines Unternehmens sind komplizierte Vorgänge, bei denen kein Raum für Fehler herrscht. Der minimalste Flüchtigkeitsfehler kann zu hohen Geldstrafen führen und die Aufsichtsbehörden motivieren, vermehrt Kontrollen durchzuführen.

Sie sollten auf jeden Fall einen Buchhalter mit bewährten fachlichen Fähigkeiten einstellen. Außerdem sollten Sie eine Beratung für Ihren spezifischen Fall suchen. Achten Sie immer auf autorisierte Geräte und zertifizierte Software der branchenführenden Unternehmen, um sicherzustellen, dass Sie keine zukünftigen Probleme haben werden. Eine große und moderne Kasse ist für einen gerade startenden Street-Food-Unternehmer oft zu teuer und nimmt zu viel Platz ein. Außerdem ist ihr Stromverbrauch nicht zu unterschätzen. Mit anderen Worten kommt die Verwendung dieses herkömmlichen Abrechungssystems für Food Trucks kaum in Frage. Erkundigen Sie sich, wie es andere Food Trucks machen, und finden Sie einen geeigneten Weg für sich selbst.

Und nach dem Dienst?

Sie beenden gerade einen weiteren Arbeitstag mit hervorragenden Ergebnissen. Sie versammeln Ihr Team und spenden eine Runde Bier für alle, um allen für die hervorragende Leistung zu danken, nicht wahr ... Moment! Vielleicht ist es noch nicht Zeit dafür. Denn der Arbeitstag in einem Food Truck endet nicht, wenn er für die Öffentlichkeit geschlossen wird, es gibt immer noch weitere Aufgaben zu erledigen. Dazu gehören Rechnungskontrolle, Lagerverwaltung, Fahrzeugreinigung, Produktvorbereitung für den nächsten Tag, eventuell auch noch Marketing-Planung, Social-Media-Management etc. Die Aufgabenliste ist umfangreich und sollte immer abgearbeitet werden, damit sich die Arbeit nicht anhäuft und Sie immer wissen, in welchem finanziellen Zustand sich Ihr Unternehmen befindet. Niemand sagte, dass die Führung eines Start-ups einfach wäre!

Um diese Aufgaben soll es allerdings jetzt nicht gehen, da wir sie bereits vorher in diesem Buch beschrieben haben. Es ist allerdings wichtig zu wissen, was mit dem Food Truck zu tun ist, nachdem er für die Öffentlichkeit geschlossen hat. Haben Sie eine Garage, um ihn in der Nacht unterzubringen? Beabsichtigen Sie, ihn an der Betriebsstätte zu lassen, dem Vandalismus ausgesetzt? In diesem letzteren Fall, planen Sie ein Worst-Case-Szenario. Wie werden Sie die Reinigung vornehmen? Wann werden Sie tanken? Im allgemeinen ist es am besten, eine Ausgangsbasis in der Nähe der Verkaufsstelle zu haben, so dass es nicht erforderlich ist, den Food Truck unnötig weit transportieren zu müssen.

Die Belegschaft des Food Trucks *A Brasileira* entschied sich für die Lösung, das Motorrad jeden Tag an einen sicheren Ort zu transportieren, was im Falle von anderen Projekten, wie *Frua*, nicht der Fall ist, dessen Food Truck über Nacht auf der Verkaufsfläche bleibt. Eine Garage, ein Lager oder ein Geschäft sind gute Möglichkeiten, das Fahrzeug und das gesamte mit dem Projekt verbundene Material aufzubewahren. Im Falle des Projekts *Nanda Brigadeiros* dient die Garage auch als Fabrik, wo die verkauften Produkte hergestellt werden. Auch hier erleichtert ein kleines Motorrad dieses Vorgehen, weil es platzsparend unterzubringen ist. Abhängig von der Entfernung zur Operationsbasis müssen Sie eventuell einen Anhänger und ein Auto zur Unterstützung beschaffen. Natürlich wird alles immer komplizierter, je mehr Fahrzeuge Sie brauchen.

Grundlegende Ideen zur Erinnerung

- Überprüfen Sie jetzt noch einmal genau, ob das von Ihnen entwickelte Konzept machbar ist.
- Passen Sie unter Umständen den Geschäftsplan an, damit Sie eine möglichst einfache Betriebsführung haben.
- Street Food ist ein Straßengeschäft, und als solches hat es keine starren Beschränkungen im Zeitplan. Wenn Sie voraussehen, dass Sie an einem bestimmten Tag wenig Gewinn machen, können Sie einfach schliessen.
- Akzeptieren Sie die Einschränkungen des Food Trucks, und lernen Sie, von ihnen zu profitieren. Informieren Sie über Bestandslücken, und erschaffen Sie stattdessen ein Gefühl von Begehren.
- Eine Erhöhung der Preise kann Sinn machen. Die Verbraucher sind bereit, einen etwas höheren Preis zu bezahlen, um Vorteile aus einem neuen Kundenerlebnis zu ziehen, und Ihre Kasse wird es zu schätzen wissen.
- Street Food ist kein Fast Food! Halten Sie sich dies vor Augen, wenn die Kunden sich über zu lange Lieferzeiten beklagen.

- Wenn Sie Mitarbeiter einstellen müssen, suchen Sie Menschen mit Unternehmergeist, die die Logik des Geschäftsbetriebs verstehen und selbstständig gute Entscheidungen fällen können. Solche Mitarbeiter werden Sie Geld kosten, aber dafür gute Ergebnisse bringen.
- Die Rechnungsstellung ist ein wichtiger Aspekt des Unternehmens, weil es Sie vor rechtliche Fragen stellt, in denen Sie vermutlich über wenig Wissen verfügen. Halten Sie immer Ausschau nach zertifizierten Programmen und integrierte mobile Managementlösungen.
- Planen Sie den gesamten Arbeitstag, vor und nach den Öffnungszeiten. Es gibt in einem Street-Food-Geschäft viel mehr zu tun, als nur Kunden zu bedienen.

LIMONADA
SIMPLES
1,5
LIMONADA
ARTESANAL
RESQUINHA, FRESQUINHA!
CREPES
BACARDÍ
KIOSQUESTREETFOOD

PROJEKT-FINANZIERUNG

«Zuerst glaubte niemand an meine Idee. Sie nannten mich verrückt, weil ich in Street Food investieren wollte. Ich war ein Pionier und hatte einen Umsatz von einer Million Euro mit dieser Idee. Das Wichtigste ist zu wissen, wann es zum Aufgeben noch zu früh ist.»

Luís Rato
Gründer von *Kiosque Street Food*

«Die Menschen haben immer mehr Angst zu sterben und suchen sich deshalb gesündere Lebensgewohnheiten im Freien», erklärt sich Luís Rato die schnelle Expansion der Industrie. «Die Investoren steigen ein, weil sie erkennen, dass die Konsumenten auf der Straße sein und an Trends wie Sommerfestivals teilnehmen möchten.» Er erkennt klar, dass die Unternehmer von der Begeisterung überrascht sind, die die Food Trucks hervorrufen, und dass das ein starker Grund für den überwältigenden Wunsch, darin zu investieren ist. «Street Food beginnt eine wirtschaftlich interessante Zone zu sein, weil die Erfolge zunehmen und das wahrgenommene Risiko minimal ist.» Allerdings ist Rato vom Erfolg der Industrie nicht überrascht, denn der scheint ihm unvermeidlich und steht im Einklang mit seiner internationalen Erfahrung. Das eher niedrige Risiko, das die Branche heute aufweist, ist das Ergebnis der bisherigen erfolgreichen Entwicklungen. Eine Industrie mit wenig Risiken ist immer ein Köder für alle möglichen Unternehmer auf der Suche nach neuen Einnahmemöglichkeiten.

Wenn Sie diesen Abschnitt des Buches erreicht haben, ohne Teile davon übersprungen zu haben, werden Sie wahrscheinlich soweit sein, die Statistiken der neu in Betrieb gehenden Food Trucks aufzustocken. Zur Vervollständigung der Projektplanung fehlt nur die Ansprache eines Aspekts, und zwar die anfängliche Finanzierung. Sie verfügen bereits über einen ausgeklügelten Geschäftsplan, haben das Konzept bereits verfeinert, wissen bereits, welche Produkte Sie verkaufen und kennen die Preise, Lieferanten und Kochmethoden. Sie haben die Zielgruppe bereits definiert, ebenso die Verkaufspunkte und die Organisation der Logistik. Aber wie werden Sie all dies finanzieren? Sicherlich haben Sie bereits das Kapital berechnet, das Sie benötigen, um das Unternehmen in Gang zu bringen, und einen Plan aufgestellt, um dieses Geld in der nahen Zukunft wieder zurückzugewinnen. Doch das Startkapital fehlt Ihnen.

Eigenkapital wäre eigentlich das Beste. Es ist immer besser, ein neues Unternehmen, von dem wir nur die Prognosen kennen, die Sie erstellt haben, mit Eigenkapital zu gründen, weil Sie nur von sich selbst abhängig sind. Durch diese Form der Finanzierung sind Sie nur gegenüber Ihren eigenen Forderungen als Gründer des Projekts verantwortlich. Wenn Sie die Selbstfinanzierung nicht in die Praxis umsetzen können, sind hier einige alternative Möglichkeiten, sich das erforderliche Kapital zu beschaffen.

Bankkredit

Diese Methode ist die am wenigsten geeignete und dennoch die unter Unternehmern ohne große finanzielle Ressourcen am meisten verwendete. Sie sind dabei dem Urteil der Banken ausgesetzt, die Ihnen, basierend auf Ihrem Risikoprofil, vielleicht nicht einmal einen Kreditrahmen gewähren. Wenn es Ihnen gelingt, durch diese Methode finanziert zu werden, müssen Sie normalerweise hohe Zinsen zahlen. Daher brauchen Sie einen Kapitalverzinsungsplan und Sie werden immer das Risiko haben, das Geschäft zu verlieren, wenn Sie den Verpflichtungen als Schuldner nicht nachkommen können. Seien Sie besonders vorsichtig mit den monatlichen Beträgen, die Sie an die Bank zurückzahlen müssen. Berechnen Sie kritisch, ob der Betrieb genügend Kapital erwirtschaften kann, um diese Ausgaben zu rechtfertigen.

Fremder Investor

Wenn Sie nach etwas mehr als nur Geld suchen, um das Unternehmen zu erweitern, ist vielleicht ein fremder Investor eine Möglichkeit. Dabei handelt es sich um jemanden, der mit Beteiligungskapital in Ihr Unternehmen investiert und dafür im Gegenzug einen Anteil des Unternehmens oder Lizenzgebühren der Verkäufe erhält. Damit kann er mittel und langfristig das Kapital wiedererlangen. Die Investoren sind dabei oft erfahrene Leute, die ihre eigenen Unternehmen erfolgreich ins Leben gerufen haben und mit ihnen ein Vermögen erwirtschaftet haben. Daher wird das Wissen und die Erfahrung dieser Investoren das Wertvollste sein, das sie anzubieten haben. Ein guter Investor ist in der Lage, Sie in sein Kontaktnetzwerk einzuführen, Ihren Einstieg zu beschleunigen, die Kosten zu reduzieren. Auf diesem Weg vermeiden Sie sicher einige Anfängerfehler.

Während eines Treffens mit Tim Vieira, eben einem fremden Investor, fragte ich ihn neugierig, in welcher Höhe sich die Kapitalgewinne bewegten, die er mit «seinen» Street-Food-Projekten gemacht hatte. «Geld ist nicht das größte Problem der Street-Food-Unternehmer, weil sie normalerweise sehr kreativ sind und es immer fertigbringen, das benötigte Kapital zu erhalten.» Tim Vieira erklärte mir, dass sein größter Beitrag jeweils die Starthilfe von Projekten war. Er hat ebenfalls herausgefunden, dass sich die Rentabilität der Food Trucks erhöht, wenn sich mehrere Projekte an der gleichen Stelle versammeln. Gerade seine Teilhabe an verschiedenen Konzepten gibt ihm die Fähigkeit, Synergien zwischen ihnen zu finden. Auf der anderen Seite stellt er den Food Trucks sein umfangreiches Netzwerk von Fachwissen und seine weitreichende Erfahrung zur Verfügung, die ihm erlauben, den richtigen Weg zu weisen und letztlich für die notwendige Unterstützung für das Unternehmenswachstum sorgen.

Bootstrapping

Viele Unternehmer werden sehr stolz und erfolgreich sein, wenn sie einen fremden Investor dazu gewinnen können, sein Geld in den Aufbau ihres Geschäfts zu stecken. Sie werden vielleicht gleich von einer rasanten Entwicklung des Gewinns träumen. Allerdings ist es vermutlich nicht Teil dieses Traums, auf einen großen Prozentsatz zugunsten dieses Investors zu verzichten, da Sie das Projekt eigenhändig aufgebaut und entwickelt haben. Es ist wahr, dass ein Investor die Entwicklung eines Betriebs beschleunigen kann, aber es ist ebenso richtig, dass er sich darum bemüht, jegliches unnötige Risiko zu vermeiden und deshalb versucht, das Projekt in eine wirtschaftlichere und massentaugliche Richtung zu lenken. Anders gesagt möchte er ein Mitspracherecht haben, und vielleicht ist es nicht Teil Ihrer Pläne, jemanden zu haben, der Ihnen sagt, wie Sie Ihre eigene Firma zu führen haben, und Sie unter Umständen sogar dazu zwingt, von Ihrem Unternehmensleitbild abzuweichen.

Eine Alternative zu fremden Investoren ist das sogenannte Bootstrapping, ein beliebtes Konzept in der Welt von Start-ups. Es wurde geschaffen, um die Startstrategien zu erkennen, die ausschließlich aus den Ressourcen der Gründungspartner bestehen. Haben Sie jemals Geschichten von Leuten gehört, die von der Garage ihres Hauses aus Multimillionen-Dollar-Unternehmen gestartet haben? Das ist das romantischste Beispiel für Bootstrapping! Wenn Sie ein Geschäft schnell starten wollen, kostengünstig, mit wenig Risiko und wenig Gefahr von potentiellen Ausfällen, dann ist dies das richtige Modell für Sie.

Beginnen Sie mit Ihren Ersparnissen, überlegen Sie, wie viel Kapital zur Verfügung steht, um in sich selbst zu investieren. Dann kümmern Sie sich darum, einen Geschäftsplan zu entwickeln, der es Ihnen erlaubt, klein anzufangen und langsam zu wachsen. Um mit diesem Modell erfolgreich zu sein, müssen Sie ein sogenanntes «Minimum Viable Product» (ein Produkt mit den minimalen Anforderungen und Eigenschaften) entwickeln, das heißt, eine erste und billigere Version des eigentlich geplanten Produkts, und sich schnell durch das Kerngeschäft des Produktes (in diesem Fall den Verkauf an den Kunden) nach vorne bewegen. Vergessen Sie aufwendige Websites, die Präsenz auf zehn verschiedenen sozialen Netzwerken und von einflussreichen Designern entwickelte, störende Verpackung. Kümmern Sie sich erstmal darum, das Konzept des Unternehmens in einer Art und Weise zu testen, die Ihnen unmittelbare Umsätze garantiert, alles andere kommt danach.

Um diese allgemeine Erklärung an Street Food anzupassen, reduzieren Sie das Konzept auf die wesentlichen Merkmale, und stellen Sie fest, ob es etwa machbar ist, mit der Teilnahme an Festivals zu beginnen, während Sie auf die Umbauarbeit des Food Trucks warten. Zimmern Sie sich einen kleinen Stand, dekoriert mit dem Firmenlogo, besorgen Sie sich einen kleinen Backofen, und gehen Sie auf die Straße, um die Reaktion der Öffentlichkeit auf das Produkt zu testen.

Crowdfunding

Leider ist es nicht immer möglich, ein Street-Food-Unternehmen ohne die Unterstützung des bereits ordnungsgemäß mit allen Küchengeräten ausgestatteten Food Trucks zu starten. Nicht alle Produkte sind schließlich einfach zu servieren, und es ist von Vorteil, wenn Sie bereits beim Kauf des Fahrzeugs auf langlebige Qualität achten. Wenn das bei Ihnen der Fall ist und Sie das benötigte Kapital nicht haben, um einen Food Truck aus eigenen Mitteln zu kaufen, versuchen Sie doch einmal Crowdfunding.

Dieses Finanzierungsmodell ist ein neues Konzept, das die Realisation von Projekten durch Beteiligungen einer Vielzahl von Personen ermöglicht. Kurz gefasst müssen Sie eine Einführungskampagne vorbereiten. Diese wird auf einer Online-Plattform veröffentlicht und appelliert darauf, dass viele

Menschen kleine Geldbeträge beisteuern und dafür verschiedene Gegenleistungen erhalten. Durch dieses Modell bleiben Sie der alleinige Eigentümer des Projekts und erhalten die Finanzierung ohne irgendwelches Schuldenkapital und ohne Zinsen. Fantastisch, nicht wahr? Alles was Sie tun müssen, ist eine ansprechende Beschreibung des Projekts zu schreiben, ein interessantes Video zu erstellen und allen, die sich zur Hilfe zur Verfügung stellen, wertvolle Gegenleistungen bieten. Diese sind der heikelste Teil der Kampagne und können gar den Unterschied zwischen Scheitern und Einholen der erforderlichen Finanzmittel ausmachen. Bieten Sie einzigartige und exklusive Dinge, wie etwa eine spezielle Rabattkarte oder die Möglichkeit, Ihren Food Truck zu fahren.

Zwei Dinge müssen Sie sich merken. Erstens: Wenn Sie den erforderlichen Betrag in der vorgegebenen Zeit nicht erreichen, geht das Geld an jeden der Unterstützer zurück. Zweitens: Wenn Ihre Kampagne scheitert, ist ein solches Versagen öffentlich und kann von den Medien aufgegriffen werden. Wägen Sie die Vor- und Nachteile ab, nehmen Sie sich etwas Zeit, um die Dynamik von Crowdfunding zu studieren, fragen Sie nach Hilfe von Experten, oder vergewissern Sie sich, dass Sie ein gutes Netzwerk von Familie und Freunden haben, die bereit sind, die ersten Beiträge zu Beginn des Projekts beizusteuern.

Grundlegende Ideen zur Erinnerung

- Der Erfolg der Branche macht sie zu einer Komfortzone für Investoren, da das Risiko gering ist.
- Erstellen Sie einen guten Geschäftsplan, der Ihnen eine genaue Schätzung der Höhe der erforderlichen Anfangsinvestition gibt.
- Evaluieren Sie die verschiedenen Arten der Finanzierung, um zu erkennen, welche für das Projekt am besten geeignet ist.
- Vermeiden Sie, wenn möglich, Schulden an Externe.

PLÄNE FÜR DIE ZUKUNFT

«I wouldn't be where I am now if I didn't fail … a lot. The good, the bad, it's all part of the success equation.»

Mark Cuban
Investor bei *Shark Tank USA*

Ein neues Unternehmen zu starten ist ein spannender und anregender Moment. Jeder Unternehmer, wie sorgfältig und organisiert er auch sein mag, sehnt sich nach dem Eröffnungstag und dem ersten Kunden. Oft ist diese ganz natürliche Aufregung für einige Planungsfehler verantwortlich, die Unstimmigkeiten im Geschäftsplan fördern und die Erwartungen unrealistischer Annahmen unterstützen.

Allerdings ist der Hauptfehler, den die meisten Unternehmer bei der Entwicklung des Geschäftsplans eines neuen Projekts begehen, das völlige Fehlen einer Strategie für die Zukunft des Betriebs. Ihre Einstellung sieht so aus: Wenn wir unser Schicksal nicht kennen, was macht es aus, welchen Weg wir einschlagen? Irgendwie wird es schon gehen … Sie eröffnen zuerst den Betrieb und beginnen mit dem Verkauf und überlegen erst dann, wohin sie das Projekt leiten sollen.

Diese Vorgehensweise ist gefährlich. Dadurch sind Sie jedem Wechsel überlassen und müssen oft improvisieren. Als ich Luís Rato gebeten habe, mir Rat und Tipps für einen neuen Unternehmer aufzuzeigen, der interessiert ist, einen Food Truck zu eröffnen, fasste er die Antwort auf einen ganz bestimmten Punkt zusammen: «Sie sollten immer am Ende beginnen: Wohin führt mich dieses Projekt?» Die Ziele sollten immer am Anfang der Planung aufgezeichnet werden, da alles andere auf dieser Grundlage aufgebaut werden muss. Vergessen Sie also nicht, ein Kapitel über die Zukunft in den von Ihnen entwickelten Geschäftsplan einzuschließen, und blicken Sie auf den Plan zurück: Muss er angepasst werden?

Abhängig von den Zielen, die Sie für das Street-Food-Geschäft haben, können Sie verschiedene zukünftige Projekte und Möglichkeiten entwickeln, sie zu erreichen. Nachstehend führe ich die wesentlichen Zukunftsstrategien für ein Street-Food-Unternehmen auf:

Exitstrategie

Eine Exitstrategie ist eine aktive Planung, sich von dem Unternehmen abzusetzen. Normalerweise findet dieser Prozess durch den Verkauf des Betriebs an Dritte statt, die anschließend mit Ihrer ursprünglichen Aktivität fortfahren. Wenn Sie ein geborener Unternehmer sind und die Gründung und Entwicklung von Geschäften Ihre Passion ist, mögen Sie vielleicht die Verwaltung eines Unternehmens nicht besonders gerne. So können Sie es viel ansprechender finden, ein Projekt zu entwickeln, um es danach einem anderen Unternehmer zu verkaufen. Wenn Sie diese Aktivität methodisch und organisiert durchführen, kann das durchaus lukrativ sein.

Wenn dies Ihr Ziel ist, sollten Sie sich auf die Erstellung eines gut aufgebauten Geschäftsplans und die Entwicklung eines einzigartigen Konzepts konzentrieren. Die zu verfolgende Arbeitsmethode sollte sich auf die maximale Entwicklung des Kerngeschäfts konzentrieren, das heißt, auf die grundlegenden Tätigkeiten des Betriebs, damit er erfolgreich funktionieren kann. Lassen Sie den Abschnitt des Marketings offen, denn der zukünftige Eigentümer will das im Normalfall selber übernehmen. Auch wenn Sie die Absicht haben, den Betrieb an einen Investor zu verkaufen, sollten Sie sich «Ihre Hände schmutzig machen» und das Geschäft einige Monate betreiben, um zu beweisen, dass das von Ihnen entwickelte Geschäftskonzept tatsächlich funktioniert. Effektive Verkäufe und nachweisbarer Gewinn vereinfachen nicht nur den Verkaufsprozess, sondern erhöhen auch wesentlich den Wert des Unternehmens. Natürlich sollten Sie dem neuen Geschäftseigentümer auf dem Weg in die Selbstständigkeit helfen und ihm etwas fachkundige Beratung geben, da Sie ja bereits über Erfahrung auf dem Gebiet verfügen. Sie können sogar eine Gebühr für diesen Service verlangen.

Man muss die Exitstrategie aber nicht so bewusst planen. Luís Rato hat keinen Zweifel daran, dass der Reifungsprozess des Marktes verschiedene Absatzchancen der Food Trucks hervorbringen wird. «Wir werden zum Punkt kommen, wo in einer bestimmten Stadt zehn oder fünfzehn Food Trucks, spezialisiert auf den Verkauf von Fruchtsäften, in Betrieb sein werden. Es wird für einen Unternehmer mit großen finanziellen Mitteln natürlich einfach sein, sich all diese Fahrzeuge anzueignen und sie unter den Bereich einer einzigen Marke zu setzen.» Diese Möglichkeit wird für Sie auf beiden Seiten existieren. Das heißt, Sie werden Ihr Unternehmen nicht nur verkaufen können, um sich neuen Projekten zu widmen, sondern vielleicht wollen Sie das Geschäft auch in einem bestimmten Bereich erweitern und andere Food Trucks kaufen!

Modellerweiterung

Ein anderer Weg in die Zukunft Ihres Unternehmens ist die Erweiterung des Geschäftsmodells. Dieses Phänomen tritt auf, wenn Sie sich dafür entscheiden, den Food Truck durch den Erwerb mehrerer Fahrzeuge gleich dem Original zu reproduzieren. Dieses Modell kann interessant sein, aber benötigt wesentlich mehr Investition. In vereinfachter Form: Alles wird doppelt oder dreifach oder vierfach vorhanden sein. Das Modell ist skalierbar, das heißt, jedes Fahrzeug wird sowohl das Einkommen als auch die Betriebsausgaben erhöhen. Stellen Sie sich vor, dass Ihr erster Food Truck 10 000 Franken pro Monat einbringt und 3000 Franken an Unkosten aufbringt. Der Erwerb eines neuen Food Trucks wird den Gesamtumsatz potentiell auf 20 000 Franken erhöhen und die Ausgaben auf 6000 Franken pro Monat. Natürlich ist es eine theoretische Übung, weil in der Praxis der Umsatz des neuen Fahrzeuges im Vergleich zum ursprünglichen variieren wird, abhängig vom gewählten Standort, vom unter Vertrag genommenen Verkäufer und anderen Faktoren. Wenn Sie jedoch feststellen, dass Ihr Food Truck das maximal mögliche Tageseinkommen erreicht hat, kann es an der Zeit sein, das Modell zu verdoppeln, Mitarbeiter einzustellen und eine Managementposition zu erreichen.

Erweiterungskonzept

In bestimmten Fällen erlaubt das für das Unternehmen entwickelte Konzept die Erweiterung durch den Erwerb von neuen Food Trucks nicht. Das Konzept von *100 % Saboroso* etwa basiert auf dem Image von Marcelo Fontes Martins als Küchenchef, der jedem Kunden Gerichte persönlich serviert. Um den Wettbewerbsvorteil für das Unternehmen zu erhalten, der die Kundenerfahrung so ansprechend macht, ist die Präsenz und die Leistung von Marcelo Fontes Martins erforderlich. Wenn er ein neues Fahrzeug kauft, welches durch einen angestellten Mitarbeiter geführt wird, geht das Vergnügen verloren, das mit der einzigartigen Weise, wie Marcelo seine Gerichte zubereitet, und der Möglichkeit, sie vor jeder Anfrage anzupassen, verbunden ist.

Daher müssen Projekte wie diese alternative Formen der Expansion suchen. Eine Option etwa kann die Eröffnung eines Restaurants sein, eine andere die Lizenzierung von beliebten Produkten für den Verkauf durch Großhändler. Wenn es Ihr Ziel ist, ein herkömmliches Restaurant zu eröffnen, Sie sich aber Sorgen über die hohe Anfangsinvestition machen, über die mangelnde Erfahrung, eine Küche zu leiten und das mögliche Fehlen von Kunden, geben Sie sich Starthilfe mit der Eröffnung eines Food Trucks. Dort können Sie das Konzept testen, Rezepte perfektionieren und Erfahrung sammeln, während Sie das notwendige Kapital und eine solide Basis von Anhängern akkumulieren.

Wenn wir das als Konzept von «Bootstrapping» betrachten: Eine solche Strategie könnte einen Food Truck als «Minimum Viable Product» eines Restaurants berücksichtigen. Er erlaubt es Ihnen, mit der Arbeit anzufangen, noch bevor das eigentliche Restaurant arbeitsbereit ist. Auf eine andere Weise können Sie auch versuchen, Ihre Produkte über den großen Vertrieb, in Lidl und Coop, zu verkaufen. Wenn es gut läuft, wird dies ein Schritt sein, der großes Einkommen bringen kann und der Ihre Geschäftseinnahmen ergänzt.

Bevor Sie diesen Weg gehen, müssen Sie vier Dinge sicherstellen. Erstens: Sie sollten eine bereits gut entwickelte Marke haben, sie muss also umgesetzt und verbreitet sein. Zweitens brauchen Sie ein unverwechselbares Produkt, das keine Konkurrenz hat. Drittens müssen Sie eine umfassende Anhängerschaft und Kundenstruktur haben und viertens eine fundierte Kenntnis des Produkts und des Verpackungs- und Vertriebsprozesses. Mit anderen Worten, kümmern Sie sich bezüglich des Food Trucks um alles, was Sie können, und ziehen Sie erst dann eine Bewegung dieser Art in Betracht. Bei beiden Möglichkeiten sollte die Aktivität des Food Trucks immer beibehalten werden, denn es ist das, was das Interesse an der Marke aufrechterhält und alles andere ermöglicht. Ein gut entwickelter Food Truck agiert immer als Punkt in der Markenstrategie.

Internationalisierung

Zum Abschluss erkläre ich Ihnen die Internationalisierung. Viele wollen das Projekt unbedingt in mehreren Ländern gleichzeitig durchführen, und vergessen dabei, dass es innerhalb des Landes noch viel zu tun gibt. Alle diese Strategien, die ich Ihnen vorstelle, können (und sollten) abgestimmt und in einen globalen Plan der Marke integriert werden. Die Verbreitung in mehreren Ländern ist die fortgeschrittenste Phase dieses Plans. Wenn wir das Unternehmen auf einen ausländischen Markt ausweiten, ist es notwendig zu berücksichtigen, dass wir in einem neuen Land mit seinen eigenen Gesetzen und seiner eigenen Kultur tätig sind. Zusätzlich zu diesen Beeinträchtigungen besteht die offensichtliche Problematik der räumlichen Entfernung. Es ist klug, zuerst alle anderen Möglichkeiten auszuschöpfen, also eine maximale Ausschöpfung des nationalen Marktes zu erzielen, und sich erst dann auf einen anderen zu begeben.

Tim Vieira hat mir dies empfohlen. Als ich ihn fragte, ob die Zukunftspläne seiner Investitionen in Street Food die Internationalisierung involvieren, sagte er mir, dass in seinem eigenen Land noch viel zu tun ist, dass der Markt von Street Food heute in vielen Teilen des Landes Arbeit gibt. Er meinte, dass er innerhalb der Branche durch die kontinuierliche Entwicklung des eigenen Netzwerkes der Investitionen Volumen schaffen möchte. Dennoch ist es wichtig zu berücksichtigen, dass die Globalisierung ein langfristiges Projekt ist. Es ist wohl unvermeidbar, dass die größeren Street-Food-Projekte den Horizont erweitern müssen.

Luís Rato hingegen betonte lieber die Stärken, mit denen Street Food schnell und einfach in den Auslandsmarkt eindringen kann. «Es ist ein Geschäft, das einfach zu internationalisieren ist, weil es direkt auf die Straße geht. Es hängt nicht von Kontaktnetzwerken oder großen Investitionen an Orten ab, die wir nicht gut kennen. Auf der anderen Seite hilft die vermehrte Reisefreude von Touristen, in den sozialen Netzwerken allgemeine Begeisterung für Street Food auszulösen.»

Grundlegende Ideen zur Erinnerung

- Die Planung der Zukunft des Unternehmens sollte im Geschäftsplan bereits zu Beginn einbezogen werden.
- Entscheiden Sie, welche Zukunft Sie für das Unternehmen wollen, und planen Sie anhand dieser Entscheidung.
- Erstellen Sie Notfallstrategien, um jeder Situation vorzubeugen.
- Die Erweiterung des Geschäfts ist eine gute Option für die Zukunft. Überlegen Sie sich, wie Sie mit diesem Prozess umgehen.

Kapitel 3:

Wie wird ein Street-Food-Projekt geboren?

«Street Food ist eine neue Erfahrung, eine neue Art gut zu leben.»

Luís Rato
Gründer von *Kiosque Street Food*

Waffela

Lieber Leser, liebe Leserin, wir sind am Ende dieses Handbuchs für Gründer der Street-Food-Branche angelangt. Vielen Dank für den Kauf dieses Buches und für Ihre Zeit, die Sie der Lektüre gewidmet haben. Ich hoffe, dass all die mit Ihnen geteilte Erfahrung und alle Aussagen von Unternehmern und Investoren, die ich Ihnen zur Verfügung gestellt habe, dazu dienen, Ihre Zweifel zu klären, die Sie über die mobile Gastronomie hatten, und Ihnen Inspiration gebracht haben, um endlich mit der Ausführung Ihres Projekts zu beginnen. All diese Monate der Forschung und des Schreibens sind es wert gewesen, wenn es dazu dient, zur Neuentstehung von mindestens einem Food Truck zu inspirieren. Wenn dies geschehen ist, fühle ich mich enorm glücklich und würde mich sehr freuen, wenn Sie mir alle Details über Ihr neues Abenteuer mitteilen. Dafür sowie für Fragen, Anregungen, Dank oder Beschwerden steht Ihnen die Website des Buches (www.facebook.com/investir.em.street.food) zur Verfügung. Auf www.streetfoodbook.com, Sie erinnern sich, können Sie Updates zu diesem Buch, wichtige Adressen und anderes finden.

Bevor wir aber ganz fertig sind, lassen Sie uns die Hauptaussagen kurz zusammenfassen, die ich versucht habe, durch dieses Buch zu vermitteln.

Als erstes ist es sehr wichtig sich zu merken, dass die Gründung eines neuen Unternehmens dem Zweck der Nischenfüllung dienen sollte. Wenn Sie erfolgreich sein wollen, gründen Sie kein Unternehmen nur so. Achten Sie auf die Schwierigkeiten und Leistungsschwächen des Marktes und machen Sie sie zu Chancen. Die Welt ist mit Projekten ohne eine klare Mission, die nur gegründet werden, um Gewinn zu machen, gesättigt. Mit dieser Art von

Strategie werden Sie nur einer unter Millionen sein. Der Schlüssel zum Erfolg liegt darin, anderen zu helfen. Denken Sie daran, wenn Sie Ihr nächstes Unternehmen planen. Um Ihren Food Truck zu etwas Grundsätzlichem und Inspirierendem zu machen, machen Sie sich Gedanken, wie Sie die vorhandenen Probleme der Menschen lösen können und wie Sie ihnen helfen können, ihre Ziele leichter zu erreichen. Wir befassten uns mit diesem Thema im Buch mit dem Beispiel eines Food Trucks, der Frühstück neben U-Bahnausgängen zur Verfügung stellt. In diesem Fall werden Sie nicht nur hungrigen Kunden Sandwiches anbieten wie jedes andere Café in der Nachbarschaft, sondern Sie helfen den Menschen, Zeit zu sparen. Der zweite Aspekt, den ich für wichtig halte, ist das Konzept des Mehrwerts. Vor dem Start Ihres Projekts sollten Sie folgendes berücksichtigen: «Welchen Mehrwert kann ich zur Verfügung stellen?» Machen Sie eine Selbstüberprüfung Ihrer Fähigkeiten, und suchen Sie einige Dinge, in denen Sie wirklich gut sind. Wir haben alle Talente in verschiedenen Bereichen und haben die Möglichkeit, vieles zu lernen. Denken Sie an Ihre Qualitäten und wie Sie sie in den Dienst anderer stellen können. All die in diesem Buch beschriebenen Unternehmer haben Fähigkeiten, Vorlieben oder Kenntnisse, die normalerweise im Geschäftsleben nicht wichtig sind, die aber ihren Projekten Wert hinzufügen und diese außergewöhnlich machen. Suchen Sie auch hier nicht nach unmittelbaren Erträgen und Mühelosigkeit. Bemühen Sie sich, dem Kunden etwas mitzugeben, um seine Loyalität zu gewinnen und damit ein nachhaltig langfristiges Unternehmen zu schaffen.

Denken Sie daran, Planung ist fundamental, aber sie sollte nie wichtiger als das Handeln sein. Planen Sie viel, handeln Sie noch mehr! Gehen Sie immer so schnell wie möglich testweise auf die Straße und überprüfen Sie jede Seite Ihres Geschäftsplans. Verlieren Sie keine Zeit mit allzu genauen finanziellen Prognosen, denn die Wahrheit ist, dass Sie ohne Erfahrungswerte keine Ahnung von der Machbarkeit oder Akzeptanz des Produkts haben. Versuchen Sie, mit dem vorher genannten «Minimum Viable Product» auf die Straße zu gehen, und heben Sie sich den großen Wurf für eine spätere

Phase des Projekts auf. Es ist ein häufiger Fehler, sich in der möglichst perfekten Planung eines jeden Details zu verrennen. Rechnen Sie, und überlegen Sie sich, mit Eigenkapital oder alternativen Finanzierungsformen voranzukommen. Vermutlich brauchen Sie in der Anfangsphase des Projekts keinen Kredit und damit genauso wenig monatliche Zinszahlungen. Gehen Sie so schnell wie möglich mit minimalen Investitionen voran, und überprüfen Sie alle Voraussetzungen, die Sie in den Geschäftsplan aufgenommen haben.

Wie mir Luís Rato einmal sagte, kennen Sie die Zukunft Ihres Projekts nicht, wenn Sie nicht auf der Straße sind. Tatsächlich können mit den Projekten, die beherzt und ohne Zögern umgesetzt werden, unglaubliche und unerwartete Dinge geschehen. Verzichten Sie darauf, alles alleine zu tun! Lesen Sie den Abschnitt über den Logistikbetrieb von Street Food noch einmal, so oft wie notwendig, um zu erkennen, dass es schwierig sein wird, alles selbst zu tun. Street Food, obwohl es ein mobiles Unternehmen ist, hat viele verschiedene Komponenten, die sich ständig verändern. Unterschätzen Sie die Unternehmenslogistik nicht, und haben Sie keine Angst, um Hilfe zu bitten. Es kann sein, dass Sie einen Geschäftspartner benötigen, der Ihre Fähigkeiten komplementiert und das Risiko teilt, es kann sein, dass Sie die Einstellung von Mitarbeitern in Betracht ziehen. Erwägen Sie die Auslagerung jener Unternehmensaspekte, bei denen Sie sich nicht gut auskennen oder die keine Hauptaktivitäten des Betriebs sind. Dazu können Dinge gehören wie Buchhaltung, Marketing, Social Media, Public Relations etc. Suchen Sie außerdem nach Geschäftspartnern, denen Sie trauen können, insbesondere im Hinblick auf die Lieferanten. Nicht immer ist der günstigste der vorteilhafteste. Bewerten Sie Fragen wie Erreichbarkeit, Zahlungsbedingungen und Lieferzeiten. Wenn Ihnen unerwartet schnell die Bestände ausgehen, kann ein guter Lieferant den Unterschied zwischen einer äußerst gewinnbringenden Unternehmung oder dem totalen Scheitern ausmachen.

Kombinieren Sie Ihren persönlichen Geschmack mit der Marktnachfrage. Es ist ein Fehler, ein Projekt zu starten, an das Sie nicht glauben, nur weil Sie denken, es gebe eine Marktchance, und so ist es auch im umgekehrten Fall. Finden Sie einen Kompromiss zwischen dem, was Sie gerne tun, und dem, was der Markt sucht. So werden Sie ein zukunftsfähiges Projekt finden, wofür Sie die Motivation nicht verlieren. Und schließlich: Gehen Sie ein Risiko ein!

Praktische Links

Bitte beachten Sie die Vorgaben des jeweiligen Bundeslandes oder Kantons und der Stadt, bevor Sie Ihren Food Truck eröffnen.

Untenstehend finden Sie einige Internetseiten, die Ihnen bei der Eröffnung Ihres Food Trucks helfen können:

www.streetfoodbook.com

Schweiz:

https://www.wirtepatent.ch/de/wissensplattform/rechtliche-informationen/rechtliche-situation-imbisswagen-catering-take-aways-71.html
https://www.streeteat.ch/de-ch
http://www.streatfood.ch
http://www.styleandlife.ch/streetfood
http://www.anhaenger-ag.ch/verkaufsanhaenger-imbisswagen/roka/roka-food-truck

Österreich:

http://streetfoodaustria.com
http://www.austrian-foodtrucks.at/austrian-food-trucks/mieten/foodtruck.html

Deutschland:

http://www.foodtrucks-deutschland.de
http://www.imbisskult.de
http://www.foodtruck-werkstatt.de
http://www.roka-werk.de/Food-Truck.763.0.html

Über den Autor

João Batista, geboren 1992 in Lissabon, ist Autor, Jungverleger und Unternehmer. Nach dem Studium der Politikwissenschaft und internationalen Beziehungen sowie einem Nachdiplom in Marketing, Kommunikation und Multimedia veröffentlichte João Batista eigene und dritte Werke zu Marketing und Crowdfunding. Neben der Gründung des eigenen Verlages ist er auch mit dem eigenen Food Truck und einem daraus entstandenen stationären Gastronomiebetrieb in Lissabon tätig.

Der Verlag Johannes Petri ist ein Imprint des Druck- und Verlagshauses Schwabe, dessen Geschichte bis in die Anfänge der Buchdruckerkunst zurückreicht. Im Jahre 1488 gründete Johannes Petri, der das Druckerhandwerk in Mainz zur Zeit Gutenbergs erlernt hatte, in Basel ein eigenes Unternehmen, aus dem das heutige Medienhaus Schwabe hervorgegangen ist. Mit der ausdrücklichen Bezugnahme auf unseren Firmengründer knüpft der Verlag Johannes Petri an die lange Tradition des Mutterhauses an und bürgt für die von Generation zu Generation weitergegebene Erfahrung im Büchermachen.